www.ingramccntent.com/pod-product-compliance
Lightning Source LLC
Chambersburg PA
CBHW051756200326
41597CB00025B/4582

به نام خداوند عشق و امید

فیزیک کوانتوم در کار و کسب

پرویز درگی

مدرس دانشگاه - رئیس انجمن مدیریت کسب و کار ایران

ویراستار:

احمد آخوندی

سریال کتاب: P2145120071

سرشناسه: PRV 2021

عنوان: فیزیک کوانتوم در کسب و کار

زیر شاخه عنوان: به قلم مدرس دانشگاه و رئیس انجمن مدیریت کسب و کار ایران

پدید آورنده: پرویز درگی

ویراستار: احمد آخوندی

طراح جلد: مرتضی امیر عباسی

شابک کانادا: ISBN: 978-1-989880-66-1

موضوع: مدیریت، بازاریابی ،کسب و کار

متا دیتا: Marketing ،Managment , Business

مشخصات کتاب: جلد صحافی مقوایی، وزیری

تعداد صفحات: 132

تاریخ نشر در کانادا: دسامبر ۲۰۲۱

تاریخ نشر اولیه: ۱۴۰۰

Kidsocado Publishing House

خانه انتشارات کیدزوکادو

ونکوور، کانادا

تلفن : +1 (833) 633 8654

واتس آپ: +1 (236) 333 7248

ایمیل : info@kidsocado.com

وبسایت انتشارات: https://kidsocadopublishinghouse.com

وبسایت فروشگاه: https://kphclub.com

سلام هم زبان

دستیابی ایرانیان مقیم خارج از کشور به کتاب های بسیار متنوع و جدیدی که به تازگی در ایران نگاشته و چاپ می شود، محدود است. ما قصد داریم این خدمت را به فارسی زبانان دنیا هدیه دهیم تا آنها بتوانند مانند شما با یک کلیک کتاب‌هایی در زمینه های مختلف را خریداری کنند و درب منزل تحویل بگیرند.

خانه انتشارات کیدزوکادو تحت حمایت گروه کیدزوکادو این افتخار را دارد تا برای اولین بار کتاب‌های با ارزش تألیفی فارسی را در اختیار ایرانیان مقیم خارج از ایران قرار دهد.

از اینکه توانستیم کتابهای جدید و با ارزشی که به قلم عالی نویسندهگان و نخبگان خوب ایرانی نگاشته شده است را در اختیار شما قرار دهیم و در هر چه بیشتر معرفی کردن ایران و ایرانیان و فارسی زبانان قدم برداریم، بسیار احساس رضایتمندی داریم.

این کتاب‌ها تحت اجازه مستقیم نویسنده و یا انتشارات کتاب صورت گرفته و سود حاصله بعد از کسر هزینه‌ها، به نویسنده پرداخته می شود.

خانه انتشارات کیدزوکادو در قبال مطالب داخل کتاب هیچگونه مسئولیتی ندارد و صرفاً به عنوان یک انتشار دهنده می‌باشد. و شما خواننده عزیز ما را با گذاشتن نظرت در وب سایتی که کتاب را تهیه کرده‌اید به این کار فرهنگی دلگرمتر کنید. از کامنتی که در برگیرنده نظرتان نسبت به کتاب است عکس بگیرید و برای ما به این ایمیل بفرستید از هر ۴ نفری که برایمان کامنت می‌فرستند، یک نفر یک کتاب رایگان دریافت می‌کند.

ایمیل :   info@kidsocado.com

فهرست مطالب

پیشگفتار

سال ۱۳۵۶ کلاس اول راهنمایی تحصیلی در درس علوم تجربی با تدریس سرکار خانم طبیبیان در مدرسه‌ی راهنمایی تحصیلی کاکاوند قزوین مفاهیم جدیدی را می‌شنیدم مثل اینکه انرژی توان انجام کار است و کلماتی مثل ماده، ذره، موج و اینها ادامه داشت تا زمانی که دوره‌ی راهنمایی تحصیلی تمام شد و البته اسم مدرسه‌مان هم به دکتر محمد مصدق تغییر یافته بود. کلاس اول دبیرستان در مدرسه‌ی پاسداران نزدیک سبزه‌میدان قزوین ثبت‌نام شدم و خاطره‌ی سختگیریهای بیش از اندازه‌ی آقای شهیدی معلم فیزیک یادم هست که موقع امتحان تمام خط‌به‌خط کتاب و گفته‌هایش را امتحان می‌گرفت. فکر می‌کنم حدود دویست سؤال می‌داد و مدت پاسخگویی آزاد بود. بعضاً تا چهار ساعت هم بچه‌ها می‌نشستند ولی ما قدر ایشان را نمی‌دانستیم و فقط راجع به سختگیریهایش صحبت می‌کردیم و همین باعث شد وسط سال چندماهی ایشان از سوی مدرسه و آموزش‌وپرورش بیکار شود و البته وقتی برگشت همان آش بود و همان کاسه. از کلاس سوم به تهران آمدم و دبیرستان شهید شهرام امامی آل آقا و آقای رفیعی معلم فیزیکی که به‌صورت فیزیکی تدریس می‌کرد. شاید برای خوانندگان الان کتاب جالب باشد که ایشن با سیلی و لگد با درس نخوانده‌ها برخورد فیزیکی می‌کرد. سال چهارم ثلث اول (آن زمان ترم نبود سه ثلث داشتیم در یک سال تحصیلی) من به‌همراه جواهری، طوسی، و شجاعی بیست شدیم. ایشان خیلی از من تعریف کرد و گفت از همه بهتر است. و این فرصتی شد که از ایشان بخواهم چند کلمه‌ای صحبت کنم. از جوان بودن بچه‌ها گفتم، از اینکه بچه‌ها غرور دارند و درد جسمی کتک آنها را نمی‌آزارد، اما درد روحی‌اش زیاد است. از ایشان خواستم همان‌طور که در تدریس عالی هستند در رفتار هم عالی باشند. کلاس در سکوت کامل فرو رفته بود. همه منتظر بودند که آقای رفیعی با مشت و لگد جواب من را بدهد. اما ایشان چند لحظه‌ای هیچ نگفت و بعد از آن قول داد که رعایت کند و دیگر هیچ‌گاه هیچ‌کس

برخورد فیزیکی را از معلم فیزیک ندید. و به‌جای آن اندازه‌گیری کار، انرژی، توان، دما، گرما، حرکت، دینامیک، ویژگیهای ماده، قانون گازها و ... بحث کلاس فیزیک بود که البته بچه‌ها تب‌وتاب کنکور را هم داشتند.

و آن کلاس و بچه‌های فوق‌العاده دوست‌داشتنی در سال بعد در سراسر کشور پخش شدند، جواهری برای پزشکی به زاهدان رفت، فروتن در همدان پزشکی خواند، شجاعی در دانشگاه تهران دامپزشکی و ... و من هم برای مهندس شدن راهی شهر زیبای رشت شدم و فیزیک هالیدی و قوانین نیوتن. و اینکه فیزیک علم مطالعه‌ی ماده، انرژی و تعامل آن در فضا و زمان و مباحث مرتبط نیروست. فیزیک نگاه، زبان، نظم و توالی جهان‌شمولی را برای پیروی و درک ویژگیها، رفتارها و الگوی طبیعت برای بشر فراهم می‌کند. در کل، فیزیک علم قوانین حاکم بر طبیعت است. این جمله آخرش را دوست داشتم. چون همیشه دنبال این بودم که واقعاً کاربرد فیزیک چیست و نقش آن در زندگی و طبیعت چگونه است، اما وقتی دکتر وفا غفاریان که یادش همواره زنده است به‌همراه دکتر غلامرضا کیانی در کتاب تفکر استراتژیک نوشتند که هر روز هزاران سیب از درخت می‌افتد، اما آنچه وجود ندارد نگاه نیوتنی است، و من هم این عبارت را در کتاب تکنیکهای فرصت‌یابی در بازاریابی و فروش استفاده کردم، مجدداً یاد قوانین نیوتن افتادم.

قانون اول: اگر هیچ نیروی خالص خارجی بر روی یک جسم بدون حرکت وارد نشود، این جسم همچنان بی‌حرکت باقی می‌ماند.

قانون دوم: مجموع نیروهای وارده بر جسم برابر است با شتابی که متناسب با جرم ذره به آن وارد می‌شود.

قانون سوم: هر عملی را عکس‌العملی است مساوی با آن و در خلاف جهت آن.

نمی‌دانم چرا هر وقت یاد نیوتن می‌افتم ناخودآگاه انیشتین هم به یادم می‌آید و آن فرمول معروفش انرژی مساوی است با جرم ضرب در توان دوم سرعت نور.

بعد از کسب عنوان مهندسی و همزمان چند سال کار به‌عنوان ویزیتور، چند سالی در دانشگاه بازار و صنعت، شاگردی کردم و سپس با آگاهی، رشته‌ی مدیریت اجرایی در گرایش بازاریابی و صادرات را برای ادامه تحصیل انتخاب کردم. تلفیق آموزه‌های دانشگاه بازار و دانشگاه علوم در حوزه‌ی مارکتینگ، من را به این درک رساند که مدیریت و علوم بازاریابی علوم بهره‌بردار هستند و علومی مثل فیزیک و ریاضی، علوم تولیدکننده هستند. فیزیک رشته‌ای سخت، و مدیریت و بازاریابی جزو رشته‌های نرم هستند. مدیریت و بازاریابی از دستاوردهای سایر علوم برای تسهیل‌سازی زندگی بشریت بهره و یاوری می‌گیرند، با آنها پیوند می‌خورند و رشته‌های بین‌رشته‌ای شکل می‌گیرند. در راستای بینش علوم بین‌رشته‌ای، اولین کتاب نورومارکتینگ در ایران را تألیف کردم که حاصل پیوند علم مغز و اعصاب و بازاریابی بود و سطح ارتقا یافته‌ای از مارکتینگ را ارائه می‌کرد.

به سراغ روانشناسی و ارتباطات رفتم و کتاب مهارتهای ارتباط با مشتریان شاکی را نوشتم که از سوی انجمن روانشناسی اجتماعی ایران مورد تأیید قرار گرفت و این نگاه بین‌رشته‌ای همراه با جامعیت‌نگری، ساده‌سازی و کاربردی کردن آموزه‌ها و نوشته‌ها در راستای اصلاح و ارتقای بینش در کاروکسب ادامه داشت تا اینکه به تعامل فیزیک و کاروکسب رسیدم.

در یکی از همین سالها یکی از دانشجویان عزیز دوره‌ی کارشناسی ارشد ام‌بی‌ای نسخه‌ی انگلیسی کتاب Marketing Genius را به من داد. آن را به زنده‌یاد استاد سینا قربانلو دادم و درخواست کردم ترجمه‌اش کند. چند روزی وقت خواست تا نظرش را بگوید و پاسخش این بود که این کتاب بی‌نظیر است؛ چرا که پیتر فیسک، خالق این اثر، خود دانش‌آموخته‌ی فیزیک هسته‌ای بود و پس از ده سال کار جدی در حوزه‌ی مارکتینگ، استعاره‌ها و آموزه‌های فیزیک را به عرصه‌ی بازاریابی و برند کشانده بود. و فیسک، استعاره‌هایی چون قطب‌نمای فرهنگی، سیاهچاله‌های بازاریابی، دوقطبی شدن برندها را در کتابش به کار برده بود.

قرار شد کتاب را پرورش نبوغ بازاریابی بنامیم و کار شروع شود. این کتاب تاکنون دوبار تجدید چاپ شده است. مطالعه‌ی آن را به همه‌ی عزیزان فعال در حوزه‌ی کاروکسب خصوصاً مدیران ارشد و مدیران فروش و توسعه‌ی بازار و کاروکسب توصیه می‌کنم. به نظرم شاهکار پیتر فیسک در مباحث انتهایی کتاب بیشتر خودش را نشان می‌دهد آنجایی که من نامش را جامعیت‌نگری گذاشتم و جامعیت‌نگری شد عصاره‌ی تمام فراگرفته‌ها و آموزه‌هایم. بعدها این جامعیت‌نگری را بسط دادم و در سمینارها و کتابها استفاده کردم. اما پیتر فیسک از چهار منظر به ما توصیه می‌کند که اگر می‌خواهید نابغه‌ی بازاریابی شوید، اینها را مدنظر داشته باشید:

۱. جامعیت‌نگری بین نگاه از درون به بیرون با نگاه از بیرون به درون. سالیان سال بود که بازارها انحصاری بودند و شرکتها هر آنچه را که می‌توانستند و می‌خواستند تولید می‌کردند و به بازار عرضه می‌کردند و مشتریان هم چاره‌ای جز انتخاب نداشتند و صف هم می‌کشیدند. گفته‌ی معروف فورد که گفت من هر رنگی را مشتری بخواهد می‌زنم فقط به شرط آنکه مشکی باشد، یا سالیان سال تولید پیکان و پراید را با کمترین تغییر شاهد بوده‌ایم، اما وقتی رقابت وارد بازار شد دیگر شرکتها مجبور بودند برای به دست آوردن دل مشتری که حال حق انتخاب او زیاد و زیادتر می‌شد، دست به نوآوری بزنند و مزیت رقابتی و وجوه تمایز داشته باشند. اینجا بود که اساتید بازاریابی وارد میدان شدند، به شرکتها هشدار دادند که نگاه از درون به بیرون را کنار بگذارید. الان زمان حاکمیت و پادشاهی مشتری است. به سراغ مشتری بروید و با او به کاروکسب‌تان نگاه کنید. صدای مشتری را بشنوید و بدانید که اگر شما صدای مشتری را نشنوید، این رقبای شما هستند که صدای او را خواهند شنید و شما را از گردونه‌ی رقابت خارج می‌کنند. اما پیتر فیسک جمع این دو نگاه را دید. او گفت در جایی که سلیقه و درخواست مشتری است درست، اما گاهی مشتری

نمی‌داند چه می‌خواهد مثلاً، مشتریان محصولاتی چون اسکنر، تلفن همراه، سوخت هیدروژنی و لنز و لیزیک را درخواست نکردند، اما شرکتهایی بودند با ایده‌های ناب و جدید و محصولاتی نو، به سراغ مشتری رفتند و برای محصولاتشان بازارسازی کردند. پس جامعیت‌نگری بین دو نگاه از درون به بیرون و نگاه از بیرون به درون با هم پیوند خورد.

۲. جامعیت‌نگری بین ایده‌های ساختارشکن و اقدامات عملی. پیتر فیسک گفت وقتی انسان قادر باشد پارادایم‌های ذهنی خود را بشکند و نگاه فرصت‌یابی داشته باشد، می‌تواند ایده‌های ناب و ساختارشکن را با خلاقیت برای ارائه‌ی محصولات جدید به کار گیرد و با تجاری‌سازی محصول نوآوری کند. پس جامعیت‌نگری بین ایده‌های ساختارشکن و اقدامات عملی لازم است. پیتر فیسک، یادآور شد بعضی از انسانها ایده‌سازهای عالی هستند، اما جگر کارآفرین شدن را ندارند و بعضی از انسانها کارآفرینان خوبی می‌شوند، اما ممکن است ایده نداشته باشند، پس جامعیت‌نگری بین این دو گروه در سازمانها سبب به وجود آمدن اتاقهای فکر و واحدهای تحقیق و توسعه، واحدهای توسعه‌ی کاروکسب از سویی و واحدهای تولید و فروش از سوی دیگر شد و نتایج حاصل از تعامل، کاری کرد کارستان.

۳. جامعیت‌نگری بین اهداف کوتاه‌مدت و اهداف بلندمدت. پیتر فیسک به ما یاد داد بعضی فعالیتها مثل فروش که مسئول پیروزمندیهای روزمره است از زمره‌ی فعالیتهای کوتاه‌مدت هستند که نقدینگی ادامه‌ی حیات سازمان را به ارمغان می‌آورند. اما فعالیتهایی چون توسعه‌ی کاروکسب جاده‌سازی می‌کنند و برای آینده درختکاری می‌کنند تا از ثمرات درختان، فروش به کار افتد. پس در هر زمان، هم باید به فعالیتهای جاری و کوتاه‌مدت نظر داشت و هم به فعالیتهای بلندمدت و توسعه‌ساز. اگر دید توسعه‌ای و آینده‌سازی و آینده‌نگری نداشته باشیم، اگر موج‌ساز یا حداقل موج‌سوار نباشیم، در آینده اسیر موج خواهیم شد. و وقتی به آینده می‌رسیم متوجه می‌شویم که در گذشته مانده‌ایم و بازار در این مواقع بشدت بی‌رحم است.

۴. جامعیت‌نگری بین نیمکره‌ی راست مغز و نیمکره‌ی چپ مغز. پیتر فیسک گفت: انسانهای شهودی، نیمکره‌ی راست مغزشان بیشتر فعال است و انسانهای منطقی، نیمکره‌ی چپ مغزشان. در نتیجه، سازمانها برای بقا، رشد، سود و ارتقای کیفیت زندگی بشریت به انسانهای مختلف با توانمندیهای مختلف احتیاج دارند و جامعیت بین این دو دسته انسانها لازمه‌ی موفقیت است.

پیتر فیسک بینش، نگرش و علاقه‌ی من را به علم فیزیک بیش از پیش کرد تا اینکه با فیزیک کوانتوم آشنا شدم و انگار تشنه‌ای بودم که چشمه‌ای گوارا یافته است.

شاهد ویژگیهای جهانِ شلوغ و سردرگم که با پیچیدگی و عدم قطعیت همراه است، می‌باشم و می‌دانم باید مدیران ارشد سازمانها و مدیران میانی، مغز استراتژیست داشته باشند و در هر لحظه با در نظر گرفتن مشتری که هدف است، رقیب که طرف مسابقه است و فرصتها که از تغییر و تحولات

محیـــط به وجود می‌آیند، راههای نو و محصولات متفاوت را یافت و به بازار ارائه کرد. فهمیدم که باید عالی باشیم تا باشیم.

حال که بیش از سی سال است که با بازار ایران ارتباط تنگاتنگی دارم، و هنگام نگارش این کتاب بهار سال ۱۴۰۰ است، در این مدت شاهد تحولات زیادی در این بازار بوده‌ام. روزگاری مدیرعامل برای سازمان نقشه‌ی راهی را تدوین می‌کرد و آن سازمان سالها با همان نقشه جلو می‌رفت و اتفاقاً به نتایج خوبی هم دســـت پیدا می‌کرد. با گذشـــت زمان این روند بتدریج کمرنگ و کمرنگتر شد تا جایی که شـــرکتها به این نتیجه رســـیدند که در مقاطع مشخص زمانی مثلاً هر دو ماه یکبار یا به‌صورت فصلی، تکنیکها و تاکتیکهای خود را در بازار مورد بررسی و بازنگری قرار دهند و تغییرات لازم را در آنها به وجود آورند. این روش البته تا زمانی کارآیی داشت که با وجود اتفاقات محیطی مختلف هنوز می‌شد پیش‌بینی نصفه‌ونیمه‌ای از مسیر پیش‌رو داشت. امّا در سال ۱۳۹۸ با شیوع ویروســـی به نام ویروس کرونا و همه‌گیر شدن آن در جهان احتمال همان پیش‌بینی چندماهه‌ی نصفه‌ونیمه نیز از بین رفت و شرکتها با شرایط کاملاً جدید مواجه شدند.

از اواخر سال ۱۳۹۸ واژه‌هایی به دایره لغات روزمره‌ی ما اضافه شد که شاید هر چند سال یکبار هم از آنها اســـتفاده نمی‌کردیم. واژگانی از قبیل قرنطینه، ممنوعیت آمد و شـــد، ماسک سه‌لایه، فاصله‌ی اجتماعی و چندین و چند واژه‌ی مشابه دیگر آنقدر متداول شدند که فرهنگ لغت کالینز (Collins Dictionary) واژه‌ی منع عبور و مرور (Lockdown) را به‌عنوان واژه‌ی سال ۲۰۲۰ برگزید. خلاصه بگویم اگر هم میزان بسیار اندکی از قطعیت باقی مانده بود ویروس کرونا آن را از بین برد.

در چنین شرایطی شرکتها خواسته یا ناخواسته دریافتند که، روشهایی که بر ثبات و عدم تغییر تأکید دارند، دیگر جوابگوی نیاز آنها نیستند. حال دیگر لازم بود جلسات مرور استراتژی سازمانی نه به‌صورت سالانه و ماهانه بلکه، به‌شکل هفتگی و حتی روزانه برگزار شود و بصورت عینی تفکر استراتژیک به کمک برنامه‌ریزی استراتژیک آمد تا آن را متناسب با شرایط، منعطف و پویا سازد. این موضوع در کشـــور ما از اهمیت بیشـــتری برخوردار است؛ چون علاوه بر کرونا، سازمانهای ما با دســـته‌ای از عوامل برهم‌زننده‌ی ثبات و تعادل بازار سروکار دارند که سازمانها در کشورهای دیگر به اندازه‌ی ما آنها را تجربه نمی‌کنند. این عوامل همگی دســـت به دســـت هم دادند تا در نهایت به جایی برسیم که من پس از چند دهه مدیریت و مشاوره به شرکتهای مختلف در بازار ایران به شما بگویم "برای تصمیم‌گیری درباره‌ی کاروکسب خود دیگر منتظر ثبات و قطعیت نباشید. قطعیت مرده اســـت". این تفکر، هسته‌ی مرکزی کتابی است که با عنوان "فیزیک کوانتوم در کاروکسب" پیش روی شما قرار گرفته است.

از آنجایی که سالهاست مرزبندی بین علوم مختلف از بین رفته است و مطالعات بین‌رشته‌ای چه در حوزه‌ی آکادمیک و چه در بخش سازمانی مورد توجه قرار گرفته‌ اند، یکی از حوزه‌هایی که در

این شرایط عدم ثبات و قطعیت می‌تواند به کمک کاروکسب‌ها بیاید، فیزیک کوانتومی است. این رویکرد که جایگزین فیزیک کلاسیک یا فیزیک نیوتونی شد توانست ویژگیها و رفتار ذرات زیراتمی را بخوبی توضیح دهد؛ کاری که فیزیک کلاسیک یا همان مکانیک کلاسیک از انجام آن عاجز بود. در فصل اول این کتاب به تفصیل درباره‌ی فیزیک کوانتومی توضیح خواهم داد. اما آنچه بیش از خود فیزیک کوانتومی برای ما اهمیت دارد، نگرش فیزیک کوانتومی به پدیده‌های مختلف است؛ نگرشی که می‌توان بخوبی از آن برای اداره‌ی کاروکسب‌ها در شرایط بی‌ثبات فعلی استفاده کرد.

فیزیک کوانتومی چه نسخه ای برای اداره‌ی بهتر کاروکسب‌مان به ما ارائه می‌دهد؟ این پرسشی است که این کتاب سعی در پاسخ دادن به آن دارد. لازم به توضیح می‌دانم که مطالب این کتاب به‌صورت تألیف و ترجمه ارائه شده‌اند. مطالبی که ترجمه شده‌اند از معتبرترین و به‌روزترین منابع برگزیده شده‌اند که فهرست کامل این منابع را در پایان کتاب می‌توانید مشاهده کنید. امیدوارم این کتاب به‌عنوان اولین کتاب با محوریت نگرش کوانتومی به اداره‌ی کاروکسب بتواند سرآغاز مباحث و مطالعات بیشتری در این زمینه باشد تا همه‌ی ما بتوانیم مختصات جدید دنیای پیرامون خود را بهتر بشناسیم و در دریای مواج و پرتلاطم عدم قطعیت و بی‌ثباتی، کشتی کاروکسب خود را با آرامش و در مسیر درست هدایت کنیم.

مدیران ما کاپیتان کشتیهایی هستند که در اقیانوس متلاطم کاروکسب به پیش می‌روند. آنها باید بدانند اگر طوفان و باد و جزر و مد در اختیار آنها نیستند، اما تنظیم بادبان و عوامل داخل سازمان که دراختیار آنهاست. پس آنها باید بینش جامع خود را، هم به درون سازمان و هم به بیرون آن معطوف سازند تا جزءنگری و کل‌نگری، و تأثیرگذاری و تأثیرپذیری را با هم داشته باشند. پس کشتی و سازمان هر یک سیستمی هستند که از محیط انرژی می گیرند و موفقیت یا شکست آنها به چگونگی مدیریت انرژی در تعامل با محیط بستگی دارد. جذب انرژی حاصل از هم‌توان‌افزایی نیروهای درون‌سازمانی خصوصاً مدیران میانی و انرژی‌سوزی حاصل از کشمکشهای درون‌سازمانی نیاز به مدیریت قوی دارد، و علم و هنر مدیریت یعنی تشخیص مدیریت انرژی با بهره گیری از تمام نیروها.

تشکر می کنم:

از دکتر محمدرضا حسن‌زاده جوانیان و فرزان رحمانی عزیز که در گردآوری مطالب کتاب یاریم کردند.

و از غزاله انگشت‌باف، که با دقت و جدیت در تایپ و ساماندهی کتاب متحمل زحمات زیادی شدند. و باز هم مثل همیشه قدردان خانواده‌ی عزیزم هستم که تمام نبودنهایم را متحمل شدند تا این کتاب هم مثل سایر خدمات خانواده‌ی پرتلاش و محبوب تی‌ام‌بی‌ای متولد شود.

از احمد آخوندی، مدیر توانای انتشارات بازاریابی که مثل همیشه زحمت تمام مراحل نشر از

ویراستاری تا چاپ و انتشار کتاب را متحمل شدند.

تقاضا می‌کنم توصیه و نظرات خود را برای در نظر گرفتن چاپهای بعدی کتاب از طریق زیر به ما برسانید:

■ سایت شخصی پرویز درگی: www.dargi.ir
■ نشانی اینترنتی: info@TMBA.ir
■ سایت انتشارات بازاریابی: www.marketingPublisher.ir
■ نشانی اینترنتی: info@marketingPublisher.ir
■ نشانی انتشارات بازاریابی: تهران، خیابان آزادی (شرق به غرب)، بعد از خوش شمالی، کوچه نمایندگی، پلاک ۱، واحد ۱۰
■ با شماره‌ی تلفکس: (۰۲۱)۶۶۴۳۱۴۶۱
■ با شماره‌ی تلفنهای: (۰۲۱)۶۶۴۲۳۶۶۷ و (۰۲۱)۶۶۴۳۴۰۵۵
■ با شماره‌ی تلفن همراه شخصی‌ام: ۰۹۱۲۱۹۹۴۲۸۱

گر بخواهید در این یک دم عمر   نیــک جویای حقایق باشید

و به چشم همه نیکان جهان   بـس برازنده و لایق باشید

هدفی ناب بیابید و در راه وصال   عالــم عامل عاشــق باشید

سبز باشید

پرویز درگی

فصل اول

کلیات

سؤالات کلیدی

- *فیزیک کوانتومی دقیقاً چه می‌گوید؟*
- *بازاریابی چیست؟*
- *ترکیب فیزیک کوانتومی و بازاریابی چه راه‌حلهای جدیدی برای کاروکسب‌ها دارد؟*

فیزیک کوانتومی چیست؟

بر طبق فیزیک کلاسیک، ذرهها ذره هستند و موجها موج، و هیچوقت امکان ندارد که این دو با یکدیگر ترکیب شوند. اما در واقعیت اینطور نیست. ذرهها ویژگیهای موجگونه از خود به نمایش میگذارند و موجها هم خصوصیات ذرهگونه نشان میدهند. این ایده که موجها (مانند نور) میتوانند همچون ذرهها (مانند الکترونها) عمل کنند و برعکس، کشف بزرگی بود که منجر به ظهور فیزیک کوانتوم در دنیای فیزیک شد. در این فصل به بررسی چالشهایی که علم فیزیک در اوایل قرن بیستم با آن مواجه بود پرداخته شده و شرح داده می شود که فیزیک کوانتوم چگونه راه چارهای برای این مسائل پیدا کرد. تا آن زمان، شکل کلاسیک فیزیک برای همه چیز جواب منطقی و قانعکنندهای داشت. اما فیزیکدانها در نهایت آزمایشهایی را انجام دادند که فیزیک کلاسیک توضیح منطقیای برای چرایی وقوع آنها نداشت. طبیعتاً این موضوع فیزیکدانها را مجاب به جستجو و کاوش فعالانه در خصوص ذات این آزمایشها و همینطور ناتوانی فیزیک کلاسیک کرد. مشکلی که فیزیک کلاسیک داشت مربوط به دنیای میکروسکوپی بود؛ همه چیز آنقدر ریز بود که نمیشد اتفاقات را بخوبی مشاهده کرد. در مقیاس بزرگ، فیزیک کلاسیک هنوز هم حرفی برای گفتن داشت و هنوز هم میتوانست چرایی وقوع اتفاقات را شرح دهد، اما بهمحض اینکه پای جهان مایکروسکوپی به میان میآمد، کم میآورد.

ذرات نور

مگر نور از موج ساخته نشده بود؟ پس چطور رفتارهای ذرهگونه از خود نشان میدهد؟ اثر فوتوالکتریک نتیجهی یکی از چند آزمایش بزرگی است که در اوایل قرن بیست برای فیزیک کلاسیک بحران بهوجود آورد. این آزمایش یکی از اولین موفقیتهای انیشتین و همچنین گواهی بر کوانتیزه شدن نور بود.

وقتی نور به سطح یک فلز بتابد، الکترون از آن ساطع می‌شود (شکل ۱). الکترونها نور تابیده شده را جـذب می‌کننـد و اگر انرژی کافی بگیرند می‌توانند از سـطح فلز جدا شـوند. بر طبق فیزیک کلاسـیک، نور فقط یک موج است و می‌تواند به هر اندازه انرژی با فلز مبادله کند. بنابراین، وقتی به سطح فلز نور تابانده شود الکترونهای فلز باید نور را جذب کرده و آهسته‌آهسته انرژی لازم برای سـاطع شـدن از فلز را به دسـت آورند. باور بر این بود که هرچه نور بیشتری به فلز تابانده شود، الکترونها با انرژی جنبشی بیشتری ساطع می‌شوند، و یک نور ضعیف اصلاً نمی‌تواند منجر به ساطع شدن الکترونها شود مگر بعد از چندین ساعت تابش متوالی.

اما اتفاقی که در عمل افتاد چیز دیگری بود. به‌محض اینکه نور به سطح فلز تابیده شد، الکترونها از آن ساطع شدند. در واقع، شدت نور هرچقدر هم که ضعیف بود باز هم الکترونها بلافاصله ساطع می‌شدند. پژوهشگران به عمد این آزمایش را با نورهایی تکرار کردند که باید ساعتها به‌طور ممتد تابیده می‌شدند تا الکترونها بتوانند ساطع شوند، با این حال نتیجه همان بود.

نور

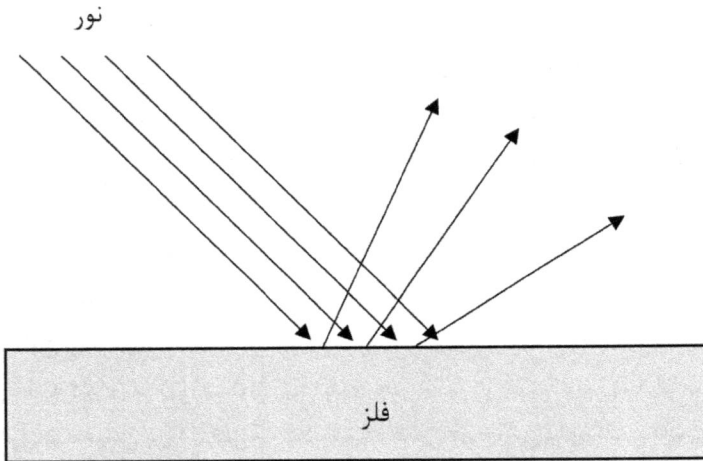

فلز

شکل۱-۱:اثر فوتوالکتریک

آزمایش با اثر فوتوالکتریک نشان داد که انرژی جنبشیِ (K) الکترونهای ساطع شده به بسامد-نه به شدت نور- بستگی دارد.

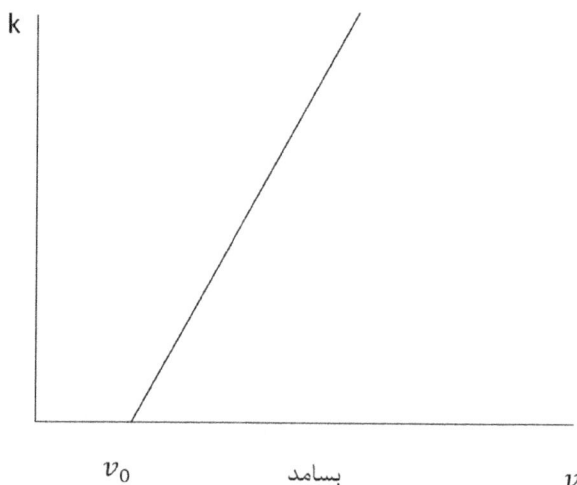

k
v_0
بسامد
v

شکل ۱-۲: انرژی جنبشیِ الکترونهای ساطع‌شده در برابر بسامد نور تابشی

در شکل ۲، v_0 بسامد آستانه نام دارد و اگر نوری با بسامدی پایین‌تر از این آستانه به فلز بتابد، هیچ الکترونی ساطع نخواهد شد. الکترونهای ساطع شده از اندوخته‌ی الکترونهای آزاد فلز هستند (تمامی فلزها اندوخته‌ی الکترون آزاد دارند) و باید به این الکترونها انرژی‌ای معادل با تابع کار (W) آنها داد تا بتوان آنها را از فلز ساطع کرد.

توضیح این پدیده به‌روش فیزیک کلاسیک ناممکن بود. اینجا بود که انیشتین وارد کارزار شد. انیشتین در این زمان در اوج شکوفایی خود قرار داشت (سال ۱۹۰۵). او این نظریه را مطرح کرد که نور هم یک ماده‌ی کوانتیزه شده است؛ یعنی از بسته‌های مجزایی به نام فوتون تشکیل شده است. او اذعان داشت که رفتار نور هم مانند یک ذره است هم مانند یک موج.

پس در این صورت، هنگامی که نور به سطح فلز برخورد می‌کند، فوتونها به الکترونهای آزاد می‌خورد و هر الکترون یک فوتون را کامل جذب می‌کند. وقتی انرژی فوتون بیشتر از تابع کار فلز باشد، الکترون ساطع می‌شود. بنابراین، از قرار معلوم نورْ تنها یک موج نیست بلکه، یک ذره، یک فوتون، هم هست.

در سال ۱۹۲۸، فیزیکدانی به نام پل دیراک وجود ضدالکترونِ با بارِ مثبت، پوزیترون، را اعلام کرد. او با پیش بردن مرزهای حوزه‌ی نوپای فیزیک کوانتومی و ترکیب آن با نسبیت توانست مکانیک کوانتومیِ نسبی را خلق کند و همین تئوری بود که توانست وجود پوزیترون را پیش‌بینی کند.

این پیش‌بینی بسیار جسورانه بود. مگر می‌شد یک ضدذره‌ی الکترون وجود داشته باشد؟ اما تنها چهار سال بعد فیزیکدانها واقعاً توانستند پوزیترون را ببینند. امروزه فیزیکدانان ذرات بنیادی همه جور سنکروترون و دیگر شتاب‌دهنده‌های ذرات را در اختیار دارند تا هر چقدر که می‌خواهند ذره‌ی بنیادی بسازند، اما در اوایل قرن بیستم اوضاع اینگونه نبود.

در آن روزها، فیزیکدانها به پرتوهای کیهانی متکی بودند تا برایشان ذره بیاورند. آنها از اتاقکهای ابر، که پر بود از بخار یخ خشـــک، بهره می‌بردند تا ردِ باقیمانده از این ذرات را مشـــاهده کنند. آنها این اتاقکها را در میدانهای مغناطیسی قرار می‌دادند تا بتوانند تکانه‌ی ذرات را اندازه بگیرند؛ چرا که ذرات در این میدانها قوس برمی‌داشتند.

در ســـال ۱۹۳۲، یکی از فیزیکدانها متوجه یک رویداد غافلگیرکننده شـــد. یک جفت ذره که بارهای مخالفی داشتند، ناگهان از ناکجاآباد سر و کله‌شان پیدا شد. ردِ هیچ یک از ذره‌ها به زایش این دو ذره منتهی نمی‌شـــد. این پدیده، پدیده‌ی جفت‌ســـازی بود؛ یعنی تبدیل شدن یک فوتون پرانرژی به یک الکترون و پوزیترون. این اتفاق وقتی رخ می‌دهد که فوتون از نزدیکی یک هسته‌ی اتمی سنگین رد شود.

پس حالا فیزیکدانها در عمل، تغییر حالت یک فوتون به یک جفت ذره را به چشم دیدند. دیگر نیازی به مدرک بیشتری در خصوص طبیعت ذره‌گونه‌ی نور نبود. بعدها محققین انهدام جفت را هم مشاهده کردند: تبدیل یک الکترون و پوزیترون به نور خالص.

در ســـال ۱۹۲۳، لویی دوبروی ادعا کرد که تنها موج‌ها نیســـتند که رفتارهای ذره‌گونه از خود نشان می‌دهند بلکه، برعکسش نیز صادق است. تمامی ذرات نیز خصوصیات موج‌گونه دارند. دوبروی دلایـــل خود را در پایان‌نامه‌ی دکتری خـــود آورده بود. محققین بعدها این ادعا را آزمودند. آنها به داخل یک وسیله‌ی دوشِکافه اشعه‌ای الکترونی فرستادند تا ببینند این اشعه از خود رفتاری ذره‌گونه نشان می‌دهد یا موج‌گونه. این آزمایش را در شکل ۳ می‌توانید مشاهده کنید.

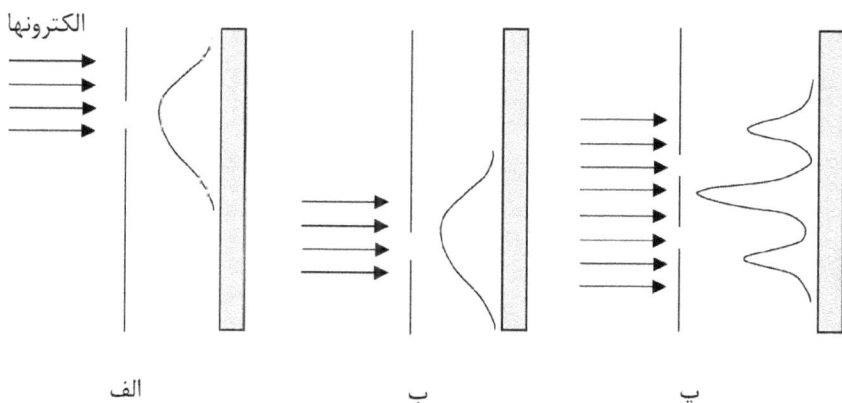

شکل ۱-۳: اشعه‌ی الکترونی از میان دو شکاف عبور می‌کند.

در شکل ۳-الف، می‌بینید که اشعه‌ی الکترونی از یک شکاف عبور می‌کند و روی صفحه الگویی که می‌بینید را می‌اندازد. در شکل ۳-ب، الکترونها از شکاف دوم عبور می‌کنند. از منظر فیزیک کلاسیک، اگر هر دو شکاف باز باشند، شدت الگوهای الف و ب افزایش پیدا می‌کند. اما در عمل چنین نبود. هنگامی که هر دو شکاف باز بودند (شکل ۳-پ) در الگوی هر دو شکاف اختلال پیش آمد. این نشان داد که ادعای دوبروی درست بود.

به این ترتیب فهمیدیم که ذرات هم ویژگیهای ذره‌گونه دارند هم ویژگیهای موج‌گونه. حالا مشکل در اینجاست که اگر یک الکترون را در نظر بگیریم، باید آن را چه فرض کنیم؟ ذره یا موج؟ حقیقت موضوع این است که یک الکترون از نظر فیزیکی فقط یک الکترون است و نمی‌توان گفت که موج است یا ذره. عملِ اندازه‌گیری است که ویژگیهای موج‌گونه یا ذره‌گونه‌ی آن را مشخص می‌کند.

مکانیک کوانتومی همواره در حالتی سردرگم به سر می‌برد و از این مسأله نیز خرسند است. این دیدگاه بسیاری از فیزیکدانهای مطرح آن دوره را آزرده کرد. معروف است که آلبرت انیشتین در این باره گفته: «خدا که با تاس بازی نمی‌کند!»

این حقیقت که ماده می‌تواند ویژگیهای موج‌گونه داشته باشد دردسرساز بود. موج‌ها در فضا محدود نمی‌شوند. دانستن این موضوع باعث شد که ورنر هایزنبرگ در سال ۱۹۲۷ به اصل مشهور عدم قصعیت‌اش برسد.

در فیزیک کلاسیک می‌توان به‌طور کامل اشیا را از روی تکانه و موقعیتشان توصیف کرد. هم تکانه و هم موقعیت را می‌توان دقیق اندازه‌گیری کرد. اما در فیزیک کوانتوم اوضاع کاملاً جور دیگری است. اصل عدم قطعیت هایزنبرگ می‌گوید که در رابطه‌ی بین موقعیت و تکانه، یک

عدم قطعیت باطنی وجود دارد. طبق اصل هایزنبرگ، دانستن صحیح‌تر موقعیت یک ذره منجر به دانستن نادقیق‌ترِ تکانه‌ی آن و برعکس می‌شود. این اصل نتیجه‌ی مستقیم ذات موج‌گونه‌ی ماده است؛ چرا که هیچ‌وقت نمی‌توان به‌طور کامل یک موج را محصور کرد.

فیزیک کوانتوم برخلاف فیزیک کلاسیک کاملاً غیرقطعی است. هیچ‌وقت امکان ندارد که بتوان موقعیت و تکانه‌ی دقیق یک ذره را در یک زمان مشخص دانست. تنها می‌توان احتمال این دو را حساب کرد.

با توجه به آنچه عنوان شد می‌توان نتیجه گرفت که فیزیک کوانتومی شاخه‌ای از فیزیک است که از اوایل قرن بیستم بتدریج در برابر فیزیک نیوتنی قد علم کرد و به توضیح پدیده‌هایی پرداخت که مکانیک کلاسیک از توضیح آنها عاجز بود. فیزیک کوانتومی را نمی‌توان به یک فیزیکدان خاص نسبت داد؛ زیرا افراد مختلفی مانند انیشتین، لویی دوبروی، ورنر هایزنبرگ، اروین شرودینگر، آرتور کامپتون، نیلز بور، یوهانس ریدبرگ، ماکس پلانک و دانشمندان دیگری در توسعه و تکامل آن نقش داشته‌اند. یکی از اصول مهمی که از فیزیک کوانتومی برداشت می‌شود اصل عدم قطعیت هایزنبرگ است. طبق این اصل، هر چقدر دقت اندازه‌گیری یک پارامتر برای ذره‌ای مانند الکترون بیشتر باشد، دقت اندازه‌گیری پارامتری دیگر کم خواهد شد. به عبارت دیگر از اصل عدم قطعیت هایزنبرگ می‌توان نتیجه گرفت که نمی‌توان به‌طور همزمان همه‌ی کمیتهای یک الکترون را اندازه‌گیری کرد. این در حالی است که قبل از فیزیک کوانتومی تصور بر آن بود که تمام ویژگیهای یک جسم در یک لحظه‌ی مشخص را می‌توان با دقت بالایی اندازه‌گیری کرد.

بازاریابی چیست؟

بازاریابی و فروش به‌عنوان لوکوموتیو قطار سازمان مطرح هستند. آنها مابقی واحدهای کاروکسب را به تکاپو وا می‌دارند. سالها پیش به‌جای کسب‌وکار، کاروکسب را به کار بردم که نشان از اهمیت کار کردن قبل از کسب کردن دارد، خوشبختانه این واژه بخوبی جا افتاده است، اما در این کتاب می‌خوانیم این خود کار نیست که مهم است بلکه، نتایج آن مهم است. در کتابهای متعدد تألیف خودم به تعریفهای کاروکسب و بازاریابی پرداخته‌ام. قصد ندارم در این کتاب مجدد به مباحث بازاریابی و فروش بپردازم، اما به‌صورت خلاصه چند تعریف مهم و کاربردی را می‌آورم که در ادامه‌ی کتاب به کارمان می‌آیند.

بازاریابی ترجمه‌ی ناقصی از مارکتینگ است که فقط به جنبه‌ی یافتن بازار به‌معنای مشتریان بالفعل، بالقوه و نومشتریان توجه می‌کند. در کتاب مباحث و موضوعات مدیریت بازاریابی با نگرش بازار ایران، یادآور شدم که مارکتینگ جنبه‌های دیگری نظیر بازارسازی، بازارداری، بازارسنجی و ... را هم دارد، اما در کارگروه واژه‌گزینی بازاریابی در فرهنگستان زبان و ادب فارسی تصویب کردیم که

از همان واژه‌ی مصطلح و جاافتاده، یعنی بازاریابی استفاده کنیم. در کتابهای تألیفی متعدد نگارنده به موضوع بازاریابی پرداخته شده است و در اینجا فقط به یادآوری و جمع‌بندی تعریفهای بازاریابی از منظرهای مختلف بسنده می‌کنم و آخرین تعریف خود را می‌گویم.

۱. بازاریابی علم و هنر تولید و عرضه‌ی آن چیزی است که می‌دانیم به فروش می‌رسد. همان‌طور که از این تعریف پیداست، اینجا بینش تحقیقات بازاریابی حاکم است که بر کلمه‌ی "می‌دانیم" متمرکز است و این دانایی از تحقیقات به دست آمده است؛ چرا که داشتن اطلاعات دقیق و بهنگام سبب می‌شود محصولاتی را عرضه کنیم که ریسک عدم فروش آنها به حداقل برسد.
۲. بزاریابی علم و هنر شناخت نیاز، خلق خواست و سپس متقاضی‌سازی مشتریان هدف و عمل برای فروش و خشنودی آنهاست. اینجا هم تأکید دارد که نیازها فطری هستند و شرکتها و اهالی کاروکسب برای پاسخ به نیاز انسانها، محصولاتی را عرضه می‌کنند (کالا/خدمت) که خواست نمیده می‌شود. مثلاً برای نیاز زیبایی یا سلامتی، لوازم آرایش و پاک‌کننده‌ی پوست عرضه شد و سپس با تدوین استراتژی بازاریابی مناسب در بازار هدف، مشتریانی که برای خرید و توان خرید تمایل داشته باشند با به کارگیری تکنیکهای روانشناسی، تبلیغات، و مذاکره، مشتریان را علاقه‌مند به خرید می‌کنند و به آنها می‌فروشند و با خدمات حمایتی خصوصاً خدمات پس از فروش در راستای خشنودی آنها گام برمی‌دارند.
۳. بازاریابی علم و هنر هر چقدر نزدیکتر شدن به مشتریان است، این تعریف هم اشاره به دو بُعد نزدیکی از منظر دسترسی و عاطفی دارد که هم در دسترس مشتری باشیم و هم سهم عاطفی بالایی از ایشان بگیریم که منجر به موفقیت در بازار بشود.
۴. بازاریابی علم و هنر تسهیل‌کننده و لذت‌آفرین زندگی بشر است که با بهره‌گیری از سایر علوم در نقشه‌ی ذهن مشتری او را از سطح ویژگیها به فایده‌ها و سپس ارزشهای بنیادین شامل لذت، هیجان، زندگی ایده‌آل و آزادی می‌رساند.
۵. بازاریابی علم و هنر کسب خشنودی مشتریان با استمرار در سودآوری و رفتار منحصربه‌فرد درصنعت و زنجیره‌ی ارزش‌آفرینی با شناسایی کلیه عوامل مؤثر بر موفقیت کاروکسب و تناساندن وجوه تمایز (مزیت رقابتی) به مخاطبان هدف است، بنحوی که فروش صورت گیرد به فروش سالم و فروش مؤثر بینجامد و او را خشنود سازد و در نهایت مشتری را به سفیر برند تبدیل کرده بنحوی که او برای ما بازاریابی ارجاعی انجام دهد.
۶. بازاریابی علم و هنر مدیریت توجه است.

- سالیان چندی با تعریفهای ۴و۵ که خودم ساخته بودم به معرفی علم و هنر بازاریابی می‌پرداختم، اما در سال ۱۳۹۹ پس از سالها شاگردی و فعالیت در این عرصه به این رسیدم که همه‌ی اینها در مدیریت توجه خلاصه می‌شود. مگر نه اینکه ما می‌خواهیم توجه مشتریان را به خود

جلب کنیم در نتیجه، از ابزارهای مختلف ترویج و تبلیغ اسـتفاده می‌کنیم؟ مگر نه اینکه ما می‌خواهیم به مشتری ثابت کنیم که به او توجه داریم، از این رو، با تحقیقات بازاریابی و تولید و عرضه‌ی محصولات به‌روز سـعی می‌کنیم این مهم را به او ثابت کنیم؟ پس، بازاریابی همان مدیریت توجه است.

نکته: لازم به ذکر است پرفسور فیلیپ کاتلر، پدر علم بازاریابی مدرن، و اساتید دیگر بازاریابی و انجمنهای علمی هم تعاریف دیگری از بازاریابی ارائه کردند که همگی ارزشمند هستند و یادگیری و مطالعه‌ی آنها را توصیه و تأکید می‌کنم.

فصل دوم

قوانین عصر کوانتوم

سؤالات کلیدی:

- *کدام قوانین فیزیک نیوتونی دیگر کاربردی ندارند؟*
- چه قوانینی بر عصر کوانتوم حکمفرما هستند؟
- قوانین فیزیک کوانتومی تفکر و برنامه‌ریزی فردی و سازمانی را به چه سمتی می‌برند؟

الگوها و فرایندهای عصر کوانتوم

عصر جدیدی که به سرعت به‌سوی آن حرکت می‌کنیم الگوها و فرایندهای جدید و خاص خودش را خواهد داشت. در ادامه این الگوها و فرایندها شرح داده می‌شوند.

تفکر خطّی جای خود را به تفکر رابطه‌ای و تمام‌سیستم می‌دهد

شاید بنیادی‌ترین تغییری که رخ خواهد داد، گذر از مدل فکری و تحقیقاتیِ مکانیزمی (نیوتنی) واگشت‌گرایانه[1] باشد. در قرن بیستم بیشتر تحقیقات براساس فرایندهای عمودی (یا خطی) شکل می‌گرفتند. در مقابل، میل طبیعیِ علم کوانتوم به‌سمت پیچیدگی و هرج‌ومرج است. استفاده از الگوریتمهای پیچیده‌ی رابطه‌ای، وفاداری به فرایندهای عمودی را کمتر می‌کند، و مدلهای رابطه‌ای و تمام‌سیستم، خود اینک شالوده‌ای جدید برای تحقیقات علمی و تحقیقات کاروکسب به وجود آورده‌اند. محققان اینک قادرند داده‌های پیچیده را به‌سرعت پردازش و به هم مرتبط کنند. از این رو، می‌توانند به‌منظور تصمیم‌گیری و ساخت محصولات و تکنولوژیهای جدید (مانند چیپ‌های کامپیوتری و محصولات داروسازی) از فرایندهای مختلفی بهره ببرند.

کوانتوم: در فیزیک به کمترین مقدار ممکن از یک کمیت، مقدار پایه یا یک کوانتوم آن کمیت می‌گویند. تعداد کمیتهای کوانتیده‌ی شناخته شده محدود است.

ساختار باید در خدمت کل باشد، نه جزء

این قابلیت جدید ما، که می‌توانیم پیوند و وابستگی بین دو چیز را پیدا و درک کنیم، نشان داده است که همه چیز بالاخره در یک جا به هم وابستگی دارند. همین باعث شده که دید متفاوتی به

---

۱. واگشت‌گرایی یا reductionism به‌معنای تمایل بیش از حد به تجزیه کردن و ساده‌سازی است.

همه چیز از جمله سازمانها و روابط انسانی داشته باشیم.

برای اینکه بهتر مفهوم پیچیدگی و هرج‌ومرج را درک کنیم باید با مبحث فراکتال‌ها آشنا شویم. کوچکترین سطح یک سازمان و پیچیده‌ترین و بزرگترین بخش آن به‌طور اجتناب‌ناپذیری از طریق فراکتال‌ها با هم در ارتباط هستند.

فراکتال ساختاری هندسی است که با بزرگ کردن هر بخش از این ساختار به نسبت معین، همان ساختار نخستین به دست آید. به عبارت دیگر فراکتال ساختاری است که هر بخش از آن با کل‌اش همانند است.

اگر به یک هولوگرام، که یک تصویر سه‌بعدی است، نگاه کرده باشید، درمی‌یابید که به هر بخشی که نگاه کنید باز هم تمام تصویر در قسمت کوچکتر آن بخش حاضر است. می‌توان از هولوگرام به‌عنوان مثال خیلی خوبی از ذات فراکتال‌ها استفاده کرد. همانند هولوگرام، در یک فراکتال نیز الگوی کامل سیستم در هر جزء وجود دارد، فارغ از سطح جزئیات یا پیچیدگی آن جزء. این موضوع به این معنی است که در سرتاسر یک سازمان، الگوهای یکسانی با جزئیات دقیق در حال تکرار هستند. این پدیده نشان می‌دهد که هر سازمان ظرفیتی برای خودسامان‌بخشی داشته و این ظرفیت حتی در میان پرهرج‌ومرج‌ترین فرایندها هم، تعادل و هماهنگی خود را حفظ می‌کند. تا زمانی که این تعادل و هماهنگی باقی بماند سازمان در مسیر توسعه قرار خواهد داشت. تا زمانی که این تعادل و هماهنگی مختل شده یا توان اجرا شدن نداشته باشد، اقدامات سازمان لاجرم همچون مانعی برای یکپارچگی و کارآمدی سازمان خواهد بود.

از این رو، ضروری است که رهبران سازمان از اقدامات پیوسته و پویای فراکتال‌ها در تمامی ساختارهای رفتارِ سازمانی باخبر باشند تا بتوانند هماهنگی و ارزش فعالیتهای کارکنان را بالا برده و توانایی سازمان در تحقق بخشیدن به هدفش را ارتقا ببخشند. ضمن اینکه باید بدانند که اقدامات، خودشان هم آثار پابرجایی در تمام بخشهای سازمان دارند و هر تصمیمی که بگیرند در نهایت تأثیر خود را در تمام بخشها می‌گذارد. به این ترتیب، هنگامی که مدیران از اهمیت تصمیم خود و وجود شبکه‌ی ارتباطی میان تمام بخشهای سازمان مطلع شوند، دیگر با نهایت دقت و تأمل در فرایند تصمیم‌گیری عمل می‌کنند.

ارزش کار در نتیجه‌ی آن است، نه در خود فرایند کار

درک ما از ارزش کار دچار تغییر شدیدی شده است. در گذشته تمرکز بر روی فرایند کار بود و وجود یک فرایند کارِ خوب پیش‌شرطی برای خدماتِ قابل قبول تلقی می‌شد. اما اکنون فهمیده‌ایم

که فرایند تنها عنصر تعیین‌کننده‌ی خدماتِ قابل قبول نیست. در واقع، یک فرایندِ کاری ارزش خود را از هدفی که به سوی آن پیشروی می‌کند می‌گیرد و اگر آن هدف بر فرایند احاطه نداشته باشد و آن را متناسب با خود تغییر ندهد، در آن صورت فرایندِ کاری ممکن است تمام ارزش خود را از دست بدهد. پس، نه کارآیی به‌تنهایی ارزشی دارد و نه اثربخشی بلکه، بهره‌وری به معنای انجام درستِ کارِ درستْ ارزشمند است. قبول کنیم که تصمیم درست و اجرای درست با هم یک فرایند بهره‌ور را تشکیل می‌دهند.

برخلاف آموزه‌های سنتی، خودِ کار ارزشمند نیست. افرادی را به یاد بیاورید که ادعا می‌کردند که کار به زندگیشان معنا می‌دهد، ولی پس از تغییر ماهیت کار زندگی خود را پوچ می‌دیدند. این افراد فراموش کرده‌اند که کار به خودیِ خود معنابخش نیست، و تنها در صورتی می‌تواند اینگونه باشد که هدفی را تحقق بخشد. هنگامی که ماهیت کار تغییر کند این افراد نمی توانند با تغییر کنار بیایند؛ چرا که صرفاً تغییرِ روشِ کار را تجربه نمی‌کنند بلکه، پایانی بر معنای کارشان را حس می‌کنند.

در عصر جدید قوانین جدید حکمفرما خواهند بود

تصور کنید که نه تنها باید در کنار مجموعه‌ای از قوانین جدید زندگی کنید بلکه، باید دیگران را هم در زندگی و شغلشان به این قوانین وفق دهید. این مسئولیتِ اصلی یک رهبر است: سر و کله زدن با تغییرات همانند دیگران، و در عین حال کمک به ترقیِ دیگران در محیطِ جدید. چیزی که باعث می‌شود این وظیفه دشوارتر باشد این است که افراد معمولاً عادت دارند که آثار تغییر را انکار کنند.

تعدادی از نوآوریهایی که در اواخر قرن بیستم رخ دادند هنوز هم تأثیر بسزایی بر زندگی افراد و رابطه‌ی آنها با متخصصین بهداشت و دیگر خدمات دارند. از جمله‌ی این اختراعات و ابداعات می‌توان به اینترنت، ارتباطات بی‌سیم، فیبر نوری، لیزر، و داروهای جدید اشاره کرد. مثلاً، اینترنت نه تنها بر روی ارتباطات جهانی تأثیر گذاشته بلکه، نحوه‌ی انجامِ کاروکسب را هم تغییر داده است. اکنون افراد می‌توانند بدون ترک خانه و بدون هیچ‌گونه تماسِ انسانی، خرید کنند. همچنین افرادْ دارای دسترسی به اطلاعات وسیعی هستند که پیش از این باید از طریق کتابخانه یا یک متخصص به آن دست پیدا می‌کردند. در حوزه‌ی بهداشت نیز، افراد می‌توانند قبل از رجوع به پزشک اطلاعاتی در خصوص بیماری خود یافته و سپس سؤالات و نگرانیهای خود را با پزشک در میان بگذارند. به‌عبارت دیگر، اینترنت در حال کمک به جابه‌جایی جایگاهِ قدرت از طرف متخصصین به سوی مصرف‌کنندگان است. به این ترتیب رابطه‌ی پزشک-بیمار نیز دستخوش تغییر شده است:

- بیماران اینک پارامترهای رابطه‌ی پزشک-بیمار را تعیین کرده و نوع تعامل جدیدی را که در تاریخ بی‌سابقه بوده به نمایش می‌گذارند.
- بیماران باید با پزشکان رابطه‌ی همکاری شکل دهند تا بتوانند در میان گزینه‌های موجود

بهترین را انتخاب کنند. پزشکها باید در مقامِ آموزنده ظاهر شده و آنها را در گرفتن تصمیمات بهداشتی یاری کنند.

- بیماران به پزشکان نیاز دارند تا صحت اطلاعاتی که یافته‌اند را تأیید کنند.
- بیماران خواهان پیشنهاد هستند، نه دستور. آنها اینک می‌خواهند گزینه‌هایی پیشِ رو داشته باشند که با اولویتها و ارزشهای خودشان همخوانی داشته باشد.

اگر چه این جایگاه قدرت تغییر کرده است، بیماران بیشتر از قبل نسبت به مسأله‌ی بهداشت آگاهند. ولی با این حال، باید خودشانْ مسئولِ مراقبت خود بوده و مهارتهای لازم برای تحقق این مهم را کسب کنند. نقش فعلی متخصصین سلامت این است که اطمینان حاصل کنند بیماران نه تنها از ابزار و مهارتهای لازم برخوردارند بلکه، در مراقبت از خود نیز موفق عمل کنند. به این ترتیب، متخصصینِ سلامت نیز باید در اولویتهای خود تغییر ایجاد کنند. آنها به‌جای آنکه مستقیماً در امور بهداشتی دخالت کرده و مراقبتهای بهداشتی را اعمال کنند، اکنون به بیماران کمک می‌کنند تا خودشان تصمیمات بهداشتی خود را بگیرند و وظایف بهداشتی خود را انجام دهند. نقش مشاوران کاروکسب در قبال سازمانها شبیه نقش پزشکان است که با سه فاز معاینه (شناخت سازمان)، نسخه‌نویسی (تدوین استراتژی با مشارکت مدیران سازمان)، و درمان (همراهی در پیاده‌سازی استراتژی و مشارکت در اجرا) نقش‌آفرینی می‌کنند.

خدمات درمانی زودتر از گذشته مهیا می‌شوند

در قرن پیشِ رو زیست‌درمانی، شیمی‌درمانی و دارودرمانی قلمروی خدمت درمانی را در دست خواهند گرفت. تکنولوژیْ، بدن انسان را با جزئیات بهتری ارزیابی خواهد کرد و در نتیجه، بیماریها زودتر تشخیص داده می‌شوند و پیش‌بینی دقیقتری از خطر احتمالی بیماریها به دست می‌آید. به این ترتیب می‌توان حتی پیش از بروز علائم، بیماری را درمان کرد. کاربرد هوش تجاری و تیم‌سازی وتصمیم‌سازی و تصمیم‌گیری بر اساس بهره‌گیری از اطلاعات و تعامل آنها در سازمانها نیز ما را به مدیریت عصر جدیدی وارد کرده است.

همان‌طور که پیشتر گفته شد این تغییرات، رویه‌ی شغلی متخصصین بهداشت را نیز دگرگون می‌کند. وظیفه‌ی اصلی این متخصصین، آموزش و مشورت دادن به بیماران درخصوص سبک زندگی خواهد بود. بزرگترین چالش برای این افراد همین تغییر وظیفه و وفق یافتن با سختیهای آن خواهد بود. وظیفه‌ی مشاوران نیز مشورت دادن به مدیران برای اداره‌ی بهتر سازمان و تغییر سبک زندگی سازمانی است. مدیرانی که تحت تأثیر فشارهای متعدد مالی، رقابت، زمان، مشتریان و تعادل زندگی خود با زندگی سازمانی هستند و می‌دانند سبکها در طول زمان شکل می‌یابند و نهادینه می‌شوند.

رهبری در عصر کوانتوم چه تغییری خواهد داشت؟

وفق یافتن با عصر کوانتوم برای رهبرانْ دشوار خواهد بود و بخش عمده‌ای از این دشواری برآمده از تربیتشان براساس سیستمهای قدیمی است. در گذشته، سازمانها بر مبنای اصول نیوتنی یعنی عملکرد مکانیزمی، چندبخش‌سازی[1] و کنترل عمودی بنا می‌شدند. اعتقاد اصلی در تفکر نیوتونی بر این است که جهان صرفاً یک ماشین وسیع است که می‌توان با اصول فیزیک، قوانین آن را کشف کرد. تقریباً تمامی پیشرفتهای علمی در قرن نوزده و نیمه‌ی ابتدایی قرن بیست براساس این تفکر انجام گرفت.

اما این تفکر در توضیح رفتار انسانی و دیگر الگوهای طبیعت ناکام ماند. در نتیجه، شک و شبهه‌هایی در خصوص این تفکر به وجود آمد و در نهایت نظریه‌ی کوانتومی و دیگر نظریه‌های علمی جای آن را گرفتند. بسیاری از عناصر رهبریِ سنتی، بخصوص تمرکز بر روی سلسه‌مراتب، از تفکر نیوتونی نشأت می‌گرفتند. رهبرانِ سازمانی در طی قرن بیست به سسله‌مراتب عمودی و چندبخشی‌سازی فعالیتها اتکا می‌کردند تا بدین ترتیب بتوانند افراد و بازدهی را مدیریت کنند.

پس از ظهور نظریه‌ی کوانتوم و درک بهترِ پیچیدگی و هرج‌ومرج دنیا، این نگاه نیوتونی به مدیریت نیز از میان رفت. اینک افراد درک کرده‌اند که تمامی عناصر جهان جزئی از یک سیستمِ متشکل از روابط و پیوندها هستند. آن دسته از اصلهایی که تا پیش از این شالوده‌ی مدیریت را تشکیل می‌دادند اکنون زیر سؤال برده می‌شوند. مثلاً، سلسه‌مراتب و ترتیبْ دیگر جزو پیش‌شرطهای مدیریت نیستند و قوانین ناظر بر روابط و تعاملات درون‌سازمانی برای همیشه تغییر کرده‌اند. به‌علاوه، برخی متوجه شده‌اند که الگوهای روابطِ درون سازمان به اندازه‌ی خودِ روابط مهم هستند. رهبران اگر می‌خواهند سازمان‌هایشان در داخل و خارج پیشرفت کنند، باید این مفاهیم جدیدتر را درک کرده و از آنها بهره ببرند. آنها باید به نگرش سیستمی بیش از گذشته اهمیت بدهند و بپذیرند که سازمان با تمام زیرسیستمهایش خود نیز در محیطی که انرژی اش را تأمین می‌کند، یک سیستم است. پس سازگاری و تعامل با محیط ضرورت انکارناپذیر است.

رهبران باید مدلهای رهبری سنّتی را با مدلهای چارچوب جدید جایگزین کنند

در کانون تفکر کنونی در خصوص مبحث رهبری، مفهوم پیچیدگی و این دیدگاه که همه چیز به هم مرتبط است، قرار دارد. این دیدگاه بر این باور است که تعاملْ بین بخشهای یک سیستم برای بازدهی آن سیستم و نهایتاً پایداری‌اش، امری حیاتی است. بنابراین، وظیفه‌ی اصلی رهبری نه در مدیریت عملکرد یا کار بلکه، در هماهنگی عناصر (نظیر منابع انسانی) و تسهیل رابطه‌شان در تمامی سطوح سازمانی است.

---

1. Compartmentalization

رهبران باید دیدگاهی جهان‌بینانه داشــته باشــند تا بتوانند تشخیص دهند که تلاشهایشان را به چه ســمتی معطوف کنند. توانایی آنها در مشــاهده‌ی روابط، پیوندها و درون‌مایه‌ها اســت که باعث می‌شــود سازمان به سمتی سوق پیدا کند که بتواند ترقی کند. رهبران می‌دانند که همه‌ی سیستمها، خواه الکتریکی، زیست‌شناختی یا اجتماعی دارای ویژگیها، رفتارها و الگوهای مشترک قابل درکی هســتند و بینش بزرگتری از رفتارشــان را ارائه می‌کنند. رهبران می‌دانند که سازمان سیستمی انعطاف‌پذیر، پربار و پیچیده است که از محیط تأثیر می‌گیرد، انرژی دریافت می‌کند و بر محیط تأثیر می‌گذارد و ارزش به آن ارائه می‌کند.

در عصر صنعتی، رهبران بیش از هرچیز روی عملکرد و گردش کار متمرکز بودند. در آن دوران، کار به چند بخش تبدیل شده و تمرکز بر روی فعالیتهایِ شخصِ کارمند بود. زندگی کاریِ کارمند تحت‌الشعاع التزاماتِ شغلی بود و تنها با برآورده کردن این التزامات بود که کارمند می‌توانست رو به بالا حرکت کرده، دستمزدِ بهتری بگیرد و از دیگر پاداشها بهره‌مند شود. برای سنجش کارآیی کارمند نیز احتمالاً یک سیستم ارزیابی عملکرد وجود داشت، و هر پاداشی که به کارمند تخصیص داده می‌شد براساس کیفیت کارش بود نه بر این مبنا که آیا کارش تفاوتی رقم زده است یا خیر. به‌طور کل در طول تاریخ، به فرایندهای کاری بیش از نتایج کار بها داده شده است.

در عصر جدید این ترتیب برعکس شــده است. سؤال اصلی دیگر «چقدر کار کرده‌ای؟» نیست بلکه، «کارت چه تفاوتی رقم زد؟» است. سؤال اول همان سنت دیرینه را بازتاب می‌دهد که کار در آن به خودیِ خودْ ارزشمند است، اما ما حالا کار را تنها زمانی ارزشمند می‌دانیم که به هدفی که برای آن طراحی شده برسد. به این ترتیب، رهبران باید رابطه‌ی بین کار، کارمند و هدف کار را یک پیوند پویا در نظر بگیرند که دائماً باعث ایجاد ارزش می‌شود.

اگرچه رابطه‌ی بین فرایند و نتیجه مشــخص اســت، اما این رابطه همیشــه مستقیم نیست. شــرایط و متغیرهای بسیاری وجود دارند، از جمله عوامل تأثیرگذارِ درونی و محیطی و همچنین عوامــل غیرمنتظــره‌ای که در فرایند هســتند، که رابطه‌ی بین هر یــک از عناصر کار و نتیجه‌ی کار را تحت‌الشــعاع قرار دهند. این متغیرها با فرایند کاری تعامل داشــته و هم بر فرایند و هم بر نتیجه تأثیرگذارند. در اینجاست که مفهوم پیچیدگی وارد عمل می‌شود. از آن جایی که سیستم، ترمودینامیک، حرکت، و سازگاریْ شاخه‌های علم فیزیک را تشکیل می‌دهند، می‌بینیم که جایی در زندگی و کاروکسب نیست که فیزیک در آن نقش‌آفرینی نکند.

ســاختار عصر جدید و تمرکزش بر فرایند کار از نقطه نظر نتیجه‌ی کار، در میان متخصصین سلامت آشوب به پا می‌کند. رهبران باید کاملاً نسبت به وابستگی متخصصین به فرایند و فعالیتهای عملیاتی‌ای که این فرایند را تشکیل می‌دهند واقف باشند. افراد عموماً، فارغ از نتیجه‌ی کارشان، پس از اینکه در کاری خبره شدند، آن فعالیت برایشان ارزشمند می‌شود و وفق دادنشان به کاری

دیگر چالش‌برانگیز خواهد بود. برای این دسته از افراد مهم نیست که کارشان نتیجه‌ی قابل اهمیتی ندارد و حتی صحبت کردن با آنها در این مورد نیز ممکن است کار سختی باشد. اما این دقیقاً همان کاری است که رهبران باید انجام دهند تا محتوای کار را تغییر داده و آن را ارزشمندتر کنند.

همه چیز بخشی از یک سیستم جامع است

پیشتر باور بر این بود که سه نوع رابطه‌ی عملکردی وجود دارد: هر دو پدیده‌ی جهان از یکدیگر مستقل‌اند، هر دو به هم وابسته بوده، و یا اینکه یکی به دیگری وابسته است. اما در عصر کوانتوم متوجه شده‌ایم که همه‌ی پدیده‌ها به یکدیگر وابسته هستند. یعنی همه‌ی چیزها از راههای گوناگونی به هم پیوند خورده‌اند؛ برخی پیوندها واضح و آشکار بوده و بعضی دیگر مخفی و پنهان.

رهبران اینک باید وظایفشان را با آگاهی از وابستگیِ فرایندها، اقدامات، رفتارها و عملکردها انجام دهند. دیگر هیچ‌چیز نتیجه‌ی مستقلی ندارد و به‌تنهایی بر توسعه‌ی سازمان نمی‌افزاید. هر عنصر بنحوی با عنصر دیگر در تعامل است و تمامی عناصر با هم تصویر کلیِ پیچیده‌ای را تشکیل می‌دهند. این همان جامعیت‌نگری است که در کتابها و سمینارها بارها از آن به‌عنوان دستاورد مشترک تمام علوم یاد کرده‌ام. اطلاعات و تصویری که این عناصر در کنار یکدیگر ارائه می‌دهند تفاوت بسیاری با تصویر و اطلاعاتشان به‌طور مجزا دارد. مشاهده‌ی این تصاویر و اطلاعات به‌صورت مستقل از هم ممکن است حتی مانع پیشرفت کل فرایند شده یا جلوی کامل شدنش را بگیرد؛ اتفاقی که ممکن است آثار زیانبارِ بلندمدتی داشته باشد.

درک جدیدی از برنامه‌ریزی لازم است

عقیده‌ی عمومی در عصر صنعتی بر این بود که همه چیز باید از پیش برنامه‌ریزی شده باشد. فرض بر این بود که اگر یک سازمان برنامه‌ریزی دقیقی انجام داده باشد، می‌تواند واکنش مناسبی در خصوص موقعیت کنونی داشته باشد. اما هنری مینتزبرگ این فلسفه را زیر سؤال برد و اعلام کرد که بیشتر شرکتهای دنیا تنها قادر به تحقیق بیست درصد برنامه‌ریزیهای خود هستند. وقتی برنامه‌ریزی نتایج ملموس و مثبتی را به همراه نداشته باشد، دیگر عاقلانه نیست که منابع فراوانی را به آن اختصاص داد. به واقع، امروز تفکر استراتژیک از برنامه ریزی استراتژیک اهمیت بیشتری یافته است.

در لحظه‌ی برنامه‌ریزی، آینده به شکل خاصی خود را نشان می‌دهد و این شکل خاص تحت تأثیرِ شرایط محیطیِ آن لحظه است. اما از آنجایی که تغییرات دائمی بوده و جهان همیشه در وضعیت هرج‌ومرج قرار دارد، خودِ این شرایط محیطی نیز همواره در حال تغییر هستند. درکی که از واقعیت، در لحظه‌ی برنامه‌ریزی، داریم سریعاً جای خود را به درک دیگری می‌دهد که در لحظه‌ی

برنامه‌ریزی از آن بهره‌مند نبوده‌ایم. این چرخه مشخصاً پیوسته و بی‌پایان بوده و برنامه‌ریزیِ قطعی را ناممکن می‌سازد.

اکنون رهبران باید نوسانهای مرتبط با مفاهیم پیچیدگی و هرج‌ومرج را وارد فرایند پیش‌بینی و برنامه‌ریزیِ آینده کنند. جزئی‌گویی درمورد آینده دیگر در روند برنامه‌ریزی جایی ندارد. در عوض ژرف‌بینی و جهت‌دهیِ کلیْ مهارتهای بهتری برای برنامه‌ریزی به شمار می‌آیند. رهبران باید بدانند که درکی که اکنون- در همین لحظه- از آینده و شرایط محیطی دارند، نه پایدار است و نه کاملاً صحیح.

رهبر خوب کسی است که بتواند نشانه‌ها را درست بخواند و متوجه تغییر فوری و جهت آن شده و به‌علاوه بتواند عناصر برانگیزاننده‌ی این تغییر را تمیز دهد. اگر یک رهبر می‌خواهد استراتژیست خوبی باشد، نباید برنامه‌ی سازمان را با جزئیاتِ فراوان بچیند بلکه، باید نشانه‌های تغییر را بنحوی برای افرادِ سازمان تفسیر کند که بتوانند از آن استفاده‌ی بهینه ببرند. تفسیرِ معنادارِ تغییر تقریباً از هر وظیفه‌ی استراتژیکِ دیگری مهمتر است. اینکه تغییر برای افرادِ داخلِ سازمان حائز اهمیت باشد، بسیار مهم است. وظیفه‌ی رهبر این است که تغییرات را بنحوی شرح دهد که کارمندان متوجه ارزش آن شده و درک کنند که این تغییر چگونه قرار است بر کارشان تأثیر بگذارد. یادآوری می‌کنم منظور من این نیست که چون رهبر مسئول اجراست، باید به جزئیات اشراف داشته باشد. او، می‌تواند با تیم‌سازی، مشاهده، گزارش‌گیری، و ارزیابی عملکرد، رهبری اجرا را به نحو احسن انجام دهد، و گاهی نیز به بخش نهاییِ کار شیرجه بزند و در جریان کم و کیف کار قرار گیرد.

در عصر جدید، رهبران به‌جای یک برنامه‌ی قدم به قدم در خصوص ایجاد یک نگرش خاص و معین به ژرف‌اندیشی در خصوص شرایط محیطی نیاز دارند. رهبران باید این موضوع را درک کنند که سازمانهایشان در مسیرِ خود رَهنَورد هستند و آنها باید به‌جای نوشتن فهرستی از مراحل، دائماً چشم‌اندازهای پیشِ‌رو را برای فهمِ بهتر بررسی کنند. برای یک رهبر عصر جدید، درک منظم رویه‌ها و نشانه‌های تغییر، استراتژی مؤثرتری است تا طرح برنامه‌ای جزئی که مشخص نیست اصلاً با شرایط آینده متناسب باشد یا خیر. رهبر سازمان مسئول کشف فرصتها و تبدیل آنها به منفعت است تا بدین وسیله انرژی را از محیط دریافت کند. انرژی محیطی در کاروکسب عبارت است از مواردی چون مشتریان بیشتر، سود بالاتر و تسهیل‌سازی امور. پس هدف نهایی هر استراتژی به دست آوردن انرژی از محیط خود در حال و آینده. انرژی هر چیز مفید و مطلوبی است که می‌تواند سازنده و مولد باشد. راز استراتژی کاروکسب این است که قابلیتهای سازمانی به سازگاری با محیط پیوند بخورد و انرژی بیشتری وارد سازمان کند.

انبوه‌افزار و ساعت‌افزار باید در کنار هم کار کنند

کِوین کِلی دو عبارت ساعت‌افزار[1] و انبوه‌افزار[2] را برای اولین بار در توصیف نیروهای متناقضی به‌کار برد که باید با همکاریِ هم باعثِ ایجادِ کارِ ارزشمند و یک محیط کارِ مترقی شوند. ساعت‌افزار چارچوب فرایندِ ساختاری و منطقی است. ساعت‌افزار منظم، عمودی، منطقی، هدفمند و سازمان‌یافته است. از سوی دیگر، انبوه‌افزار متشکل از فرایندهای ادراکی، حسی و درونی‌ای است که در بطنِ تمامی کارها قرار دارند. انبوه‌افزار درست به اندازه‌ی ساعت‌افزار برای کارآمدیِ یک سیستم لازم و ضروری است. وابستگی بیش از حد به هر کدام از این دو چارچوب مانع از وفق یافتنِ سیستم با تغییرات شده و آن را از رشد و ترقی باز می‌دارد.

در طول تاریخ، رهبران به‌جای ادراک و احساس به مهارتها و عملکردهای منطقی و علمی ارجحیت داده‌اند. در بیشتر محیطهای کاری مهارتهای علمی، که «مردانه» تلقی می‌شوند، ارزش بیشتری داشته و برعکس دیدگاه غالب بر این است که ادراک و احساسات، که اغلب «زنانه» تلقی می‌شوند، در دنیای پرتلاشِ شرکتی جایی ندارند. و این اشتباه بزرگی بود؛ چرا که ما مجموعی از هر دوی جدیت و عاطفه احتیاج داریم.

حتی در قسمت خدمات بهداشتی هم مراقبت و رفتارهای رابطه‌ای برای پرستاران و پزشکان امری قابل قبول به‌شمار می‌رفت، اما جایی در قسمت کاروکسب نداشت. اما اصول نظریه‌ی کوانتوم، هرج‌ومرج، و پیچیدگی اذعان دارند که دخالت ندادن این رفتارها در فعالیتهای یک سازمان، روند ترقی آن سازمان را کاهش خواهد داد. تمرکز بیش از حد بر روی منطق و سختکوشی باعثِ بیزاری افراد شده و آنها را از فرایند کار دور می‌کند و به این ترتیب موجب کاهش انرژی، خلاقیت، تعهد و توانایی‌شان برای انجامِ مؤثر کار می‌شود. در همین راستا، مارک گوبه کتاب برندینگ عاطفی را نوشت و به نقش عواطف و احساسات در تعلق خاطر مردم به برندها پرداخت.

بنابراین، رهبران نباید صرفاً از نظر فرم و عملکرد، کارآمد باشند بلکه، باید بتوانند طیف وسیعی از مهارتهای گوناگون و منابع سیستم را به تعادل برسانند تا موجب رشد تواناییهای کارمندان و پیشرفت سازمان شوند. یادآور می‌شوم موفقیت عبارت است از تطابق دادن قابلیتهای سازمانی با فرصتهای بهره‌گیری از داراییهای سخت و نرم شامل سخت‌افزار، نرم‌افزار، مغزافزار، و دل‌افزار محیطی به منظور رسیدن به اهداف. موفقیت با میزان دستیابی به اهداف سنجیده می‌شود و حاصل تطابق دادن توانمندیهای سازمان با فرصتهای محیطی برای کسب و مدیریت انرژی است، و انرژی در کاروکسب معادل هر نوع قدرتِ در دسترس یا ذخیره‌شده نظیر پول، منابع، و نفوذ در بازار است.

1. clockware
2. swarmware

رهبران باید تعادل مناسب را پیدا کنند

بررســی ساختارها و عوامل تأثیرگذار در سیستم کاری و یافتن ترکیبِ درستِ عناصر می‌تواند وظیفه‌ی دشواری باشد. ولی این دقیقاً همان چیزی است که رهبران باید یاد بگیرند که انجام دهند.

زیربنای بیشتر سیســتمهای خدمات بهداشتی به‌حدی پیچیده و دست‌وپاگیر است که حتی در توانایی سازمانها در انجام آنچه برایش طراحی شده‌اند، اخلال ایجاد می‌کند. این ساختارگرایی بی‌رویه باعث شــده که بسیاری از ســازمانها نتوانند بدون عناصر ساختاری‌ای که تمام جنبه‌های کاری‌شان را به قید و بند کشیده فعالیت کنند.

باید متوجه باشــیم که در عصر جدید ســاختار باید به اندازه‌ای باشد که از یکپارچگیِ سازمان حمایت کند و ذره‌ای بیشتر از آن نباشد. هرچقدر که ساختارِ سازمان بیشتر باشد، تلاش بیشتری برای پرداختن به آن ساختار صورت خواهد گرفت و منابع بیشتری از سیستم گرفته می‌شود. در حقیقت ساختار دشمن کار و کارآمدی است. می‌توان در بحث «نظم خوب» چنین گفت که ساختار انرژی و خلاقیت را از سیســتم گرفته و روابط و تعاملاتِ ضروری برای عملکرد سیســتم را مختل می‌کند. هدف رهبر یک سازمان باید کاهشِ حدبیشتریِ ساختار باشد.

ســاختار نیز مانند اطلاعات است، از آن جهت که به هر دو بیش از ارزش واقعی‌شان وقع نهاده می‌شود. واضح است که اطلاعات باید در روند تصمیم‌گیری نقش داشته باشد. با این حال هیچ‌گاه آنقدر اطلاعات کافی وجود ندارد که درستیِ آن تصمیم را تضمین کند. رهبران باید این مسأله را بپذیرند که هیچ‌وقت آنقدر به وقایع واقف نخواهند بود که بتوانند صحّت تصمیمشــان را تضمین کنند. اطلاعات صرفاً ابزاری است که عوامل مرتبط را در یک زمان مشخص موقتاً آشکار می‌کند. از آنجایی که شــرایط دائماً در حال تغییر هســتند، وابستگی بیش از حد به اطلاعات ممکن است درست مانند نادیده گرفتن اطلاعات، منجر به تصمیمات نادرست شود. مواظب باشید نه در کویر بی‌اطلاعاتی از روی تشنگی با تصمیمات غلط سازمان را به نابودی بکشانید نه در اقیانوس اطلاعات، سازمان را غرق کنید پس تشخیص حد بهینه‌ی اطلاعات به‌معنای چه میزان، با چه سر و شکل، در چه زمان، در چه مکان و با چه هزینه‌ای مهم است.

مقــدار اطلاعات نه بلکه، مرتبط بودن اطلاعات اســت کــه ارزش آن را تعیین می‌کند؛ اهمیت کیفیت آن نیز پایین‌تر از اهمیت به‌موقع بودنش است. رهبران باید بدانند که چه حجمی از اطلاعات کافی اســت، تمرکزِ اطلاعات روی چیســت، چه چیزی را نمایان می‌سازد و تأثیرش بر تصمیمات آینده چیست. همچنین باید بدانند که چه هنگام استفاده از آن اطلاعات نیازمند ژرف‌اندیشی، تأمل و قدرت قضاوت است.

در هر سطح از فعالیت، الگوی پیچیده‌ای از بی‌نظمی وجود دارد. دانشمندان کوانتوم این الگو را فراکتال نامیده‌اند. فراکتال‌ها در تک‌تک عناصر و فرایندهای زندگی قرار دارند و بر نظم و هرج‌ومرج

در جهان تأثیرگذارند. وجود فراکتال‌ها در رفتار سیاره‌ها و ستاره‌ها، گیاهان و حیوانات و حتی تپش قلب انسان مشهود است. کاربرد فراکتال‌ها در سازمانها برخلاف هر آن چیزی است که در مدلهای سازمانی وجود دارد. این مدلها تمام تلاش خود را کرده‌اند که بی‌نظمی و هرج‌ومرج را از حیات سازمانی حذف کنند. اما ساختار هر چقدر هم که مستحکم باشد، هرج‌ومرج بالاخره بالا زده و نابسامانی و ناسازگاری ایجاد می‌کند و به این ترتیب تلاشهایی که برای کنترل کردنش صورت گرفته را باطل می‌کند.

تدوین قانون برای تک‌تکِ فعالیتهای سازمانی امری ناممکن است. چه بسیارند اماکن خدمات درمانی‌ای که مملو از خط‌مشی‌های فراموش‌شده‌اند. ساده است. نمی‌توان تمام عنصر، تعاملات و روابطِ ضروری برای مراقبت انسانها را قانون‌مند کرد. پستی و بلندیهایی که در روند زندگی انسان وجود دارد مانع از خلق ساختار منظمی می‌شود که بتواند پارامترهای رفتاری یا فرایندیِ مناسب برای معاینه و درمان معرفی کند. اساس فعالیت خدمات درمانی انسان و سازمان در صول مراقبت و خدمت خلاصه می‌شود؛ اما به‌رغم ثابت بودن این اصول، شرایط محیطی دائماً در حال تغییر است.

دوباره می‌بینیم که واکنش یک رهبر باید با در نظر گرفتن ارتباط بین پدیده‌ها صورت پذیرد. از آنجایی که عناصر، رفتارها و متغیرهای تأثیرگذار بر فعالیت همگی نامعلوم‌اند، وظیفه‌ی رهبر این است که تا جایی که شرایط اجازه می‌دهد تعادل ایجاد کند. و از آنجایی که این تعادل گذرا است، رهبر باید در واکنش به تغییراتِ رخ داده دوباره آن را تنظیم کند. یک رهبر همیشه در حال تفسیر، تشریح، تنظیم و تجهیز مشکلات و روابط پویایی است که بر ذات فعالیتها و یکپارچگی محیط کار تأثیر می‌گذارند.

یک رهبر، علاوه بر توضیح هرج‌ومرج، باید در دسترس کارکنان باشد تا به آنها نشان دهد که ارتباط، درک و تجربه‌ی متقابل بینشان وجود دارد. او باید نشان دهد که خودش نیز از تغییر شرایط در امان نیست و تجربه‌اش مشابه افرادِ دیگرِ سازمان مهم است؛ اما با این حال با این هرج‌ومرج به‌راحتی کنار می‌آید. با این حال، نمی‌توان انکار کرد که مواجهه با هرج‌ومرج کار دشواری است. انسانها ذاتاً دوست‌دار نظم هستند و از رهبرانشان انتظار دارند که ثبات و «بهنجاری» را به ارمغان آورند. اما نباید به اشتباه تلقی شود که یک رهبر باید زیردستانش را به دور از بی‌نظمی نگاه دارد؛ برعکس، او باید در پذیرفتن و درک این بی‌نظمی به آنها کمک کند و در پرورش مهارتهای شخصیِ لازم برای سروکله زدن با آن، به آنها یاری برساند. پس این ساختار و سیستم هستند که باید در اختیار زنده بودن و منعطف بودن سازمان برای رسیدن به چشم‌انداز و اهداف باشند نه بالعکس. پس وقتی استراتژی تغییر می‌کند ساختارِ متناسب با آن را بازآفرینی کنید. هدفتان بهره‌وری باشد نه اسیر شدن در بند چارچوبها و ساختارهای خشک، و با جذب انسانهای کاربلد، کاردرست با نگاه جامع بین اهداف کوتاه مدت و اهداف بلندمدت عمل کنید.

هرج‌ومرج و پارادوکس همیشه حضور دارند

عصری که به‌سرعت به آن وارد می‌شویم بسیار با عصری که پشت سر می‌گذاریم متفاوت است. علم و تکنولوژی درحال دگرگون کردن تک‌تک جنبه‌های زندگیمان هستند. چالشِ پیشِ روی ما این است که به استقبالِ شرایط جدید رفته و سپس رفته‌رفته با آن کنار بیاییم و با آن وفق پیدا کنیم. اگر کسی می‌گوید «من نمی‌خواهم استفاده از کامپیوتر و اینترنت را یاد بگیرم» به او بگویید «پس بمیر! چون این کار آسانتر خواهد بود». البته که این حرف چاشنی طنز دارد، اما با این حال از حقیقت هم دور نیست. پیشرفت تکنولوژی و چالشِ وفق یافتن با این پیشرفت قرار نیست متوقف شود.

در عصر پیشِ‌رو، از رهبران انتظار می‌رود که حقیقت را بیان کنند، مهارتِ سازگاری و مواجهه را آموزش دهند، و خود مهارتهای جدیدی آموخته و آنها را بنحو جدید و در شرایط جدید به کار ببرند. زیرساختی که نقشهای رهبریِ قبلی را به وجود می‌آورد اکنون درحال ناپدید شدن است. شرایط جدید نیازمند نقشهای جدید است و همه را مجبور به روبه‌رو شدن با سؤالات و دغدغه‌های جدید می‌کند.

علاوه بر این، عصر جدید درها را به روی عدم اطمینان و فقدان «درستی» باز می‌کند. اصلهایی که اکنون حکمفرما هستند، بعداً به‌صورتهای مختلف تفسیر و به‌روشهای متفاوتی استفاده خواهند شد. هیچ واکنش یا پاسخی به یک مسأله، بهترین تلقی نخواهد شد. بسته به شرایط محیطی فرهنگی و فکری پاسخهای صحیح بسیاری وجود خواهد داشت. رهبران باید به گوناگونی و تنوعِ هر شرایط و مشکلی توجه داشته باشند.

رهبران باید خطر کنند و ورای دانسته‌های خود بروند. آنها باید افراد را تشویق کنند که مدلهای ذهنیِ خود را رها کرده و استراتژیهای خود را تغییر دهند. هیچ‌چیز بدتر از جلو رفتن با مدل یا چارچوب فکری‌ای که با شرایط تطابق ندارد، نیست. هرچقدر که به عصر جدید نزدیکتر می‌شویم باید سعی کنیم تا مشخصه‌هایش را بهتر درک کنیم. پیتر دراکر این موضوع را بهتر از همه بیان کرد: باید تمام درها را به روی عصر صنعتی ببندیم و تغییر مسیر دهیم.

رهبران باید قطعیت خود را کنار گذاشته و به آزمایش رو آورند. آنها باید گامهای کوچکتری بردارند و اجازه دهند که عواقب هر مرحله به آنها نشان دهد که رفتن به چه مسیری بهتر است. در همین گامهای آزمایشی است که مسیر و تناسب آن به‌راحتی مشخص می‌شود. و در آخر، رهبران با گردآوری فرایندهای آزمایشیِ متنوع و استفاده از آنها در کنار یکدیگر، اطلاعات باارزشی کسب می‌کنند.

به شبکه‌ی غیررسمی توجه کنید

در هر سازمان یک ساختار و فرایند رسمی وجود دارد و یک شبکه‌ی غیررسمی. این شبکه عمدتاً از روابط بین افراد تشکیل شده و اطلاعات زیادی را در خصوص نحوه‌ی تفکر و احساسات کارکنان

درمورد تقریباً هرچیزی منتقل می‌کند. این شبکه بخشی مهم و حیاتی است و نیازمند توجه است؛ چرا که اطلاعات گرانبهایی درباره‌ی بخشهایی که مورد غفلت قرار گرفته‌اند یا صحبتهایی که معمولاً در خفا ردوبدل می‌شوند، فراهم می‌کند. دانستن این موارد در انتخابِ مسیرِ مناسب کمک فراوانی می‌کند.

تمامی عناصر سیستم، چه رسمی چه غیررسمی، بخشی از روابط پویای تغییر در سازمان هستند. هر عنصر می‌تواند وسیله‌ای برای عمل و حتی تغییرشکل باشد. رهبران باید به تمام مجرهای غیررسمی و شبکه‌های ارتباطات و روابط دقت کنند؛ از مکالمات راهرو گرفته تا بحثهای سر ناهار، از نجواها گرفته تا حرفهای طعنه‌آمیز. تمام این عناصر در شبکه‌ی تعاملات شرکت نقش دارند. هر کدام از اینها ذره‌هایی هستند که موج‌وار جریان انرژی‌سازی و انرژی‌سوزی را سبب می‌شوند.

سیستمهای ساده به هم می‌پیوندند تا سیستمهای پیچیده‌تری را به وجود آورند

جهان از شبکه‌های ساده و مجزایی تشکیل شده است که نمی‌توانند بدون تعامل و تقاطع با یکدیگر فعالیت داشته باشند. پیچیدگی نتیجه‌ی مجموع سادگیها است. سیستمهای ساده به‌منظور سازماندهی خود، همدیگر را پیدا کرده و در تقاطعهای مناسب به هم می‌پیوندند تا یک جزء کل را به وجود آورند. این فرایند همانند ساخت یک پازل می‌ماند. هر تکه هدف و معنای خاص خودش را دارد، اما تنها در صورتی هدف و معنایش تکمیل می‌شود که با قطعات دیگر ترکیب شود.

همین موضوع را باید به سازمانها و رفتار انسانها تعمیم دهیم. تغییرِ پابدار بندرت از رأس سیستم آغاز می‌شود بلکه، معمولاً در مرکز آن قرار دارد و رفته‌رفته راه خود را به دیگر جاها باز می‌کند. برای مثال، هدف و معنای یک سازمانِ خدماتی از سوی کارکنانی معین می‌شود که از همه به محل فراهم‌آوری خدمات نزدیکتر هستند.

رهبران باید متوجه باشند که پایداری یک سازمان از جایی نشأت می‌گیرد که سازمان در آن گذران زندگی می‌کند: نقطه‌ی خدمات. در اینجاست که تکه‌های سازمان گرد هم می‌آیند تا هدف سازمان را برآورده کنند. در اینجاست که فراهم‌کنندگان خدمات و ارباب‌رجوع‌ها گرد هم می‌آیند تا فرایندهایی را که زیرساخت و فعالیت سازمان در جهت آن برنامه‌ریزی شده‌اند را عملی کنند.

اگرچه رهبران ادعا دارند که از اهمیتِ نقطه‌ی خدمات باخبرند، اما طراحیِ بیشتر سازمانها نقش کلیدیِ نقطه‌ی خدمات را بازتاب نمی‌کند. سلسله‌مراتبِ سازمانی عموماً پویاییِ سیستم را خفه کرده و یک چارچوب مصنوعی و ناپایدار را برای تصمیم‌گیری و عمل به وجود می‌آورد. افرادی که در نقطه‌ی خدمات حضور ندارند مسئولیت تعیین استراتژی، خط‌مشی و مسیر را برعهده می‌گیرند و به این وسیله قدرت عمل را از جایگاه اصلی خود خارج می‌کنند. این یک اصل جهانی است که هر چقدر تصمیمی که در خصوص نقطه‌ی خدمات گرفته می‌شود از آنجا دورتر باشد،

خطر بیشتر، هزینه بالاتر و پایداری کمتر خواهد بود. تمایل دارم در اینجا به اهمیت مثلث بازاریابی خدمات اشاره‌ای داشته باشیم. مثلثی را در نظر بگیرید که یک گوشه‌ی آن شرکت، گوشه‌ی دیگر کارکنان، و گوشه سوم مشتریان هستند. به ضلع ارتباطی بین شرکت و کارکنان بازاریابی درونی یا درون‌سازمانی گفته می‌شود که اشاره به این دارد که رفتار دل‌افزاری مدیران با کارکنان و نگاه کردن به نیروها به‌عنوان مشتریان درون‌سازمانی بسیار مهم است.

به ضلعی که به رابطه‌ی بین کارکنان و مشتریان مربوط می‌شود، بازاریابی تعاملی گفته‌می‌شود که به اهمیت رفتار شایسته و مشتری نوازانه‌ی کارکنان با رعایت برد برد جامع می‌پردازد.

حال اگر این دو ضلع بخوبی ایفای نقش کنند ضلع سوم نیز درست عمل می کند که همان رابطه‌ی بین شرکت و مشتریان است؛ رابطه‌ای که بازاریابی بیرونی یا بازاریابی اصلی نام داشته و سود شرکت در آنجا رقم می‌خورد.

کارکنان باید آزادی عمل داشته باشند تا از مرکز با ساختارهای استراتژیک، مالی و پشتیبانی پیوند برقرار کنند و بتوانند زیرساخت و روابط پیچیده‌ی صحیحی به وجود آورند. نحوه‌ی عملکرد یک کامپیوتر احتمالاً بهترین مثال برای این موضوع است. کدِ نرم‌افزار عملکردهای مشخصی دارد، اما تا زمانی که با دیگر داده‌ها ارتباط برقرار نکند، برای کاربر استفاده‌ای نخواهد داشت. به عبارت دیگر، هر تکه به‌واسطه‌ی خدمتش به هدف نهایی ارزشمند است، نه به خودیِ خود.

مفهوم پیچیدگی به ما می‌آموزد که دانش یک ابزار است که در یک زمان خاص یا در یک موقعیت مشخص می‌تواند مفید واقع شود. تغییر در شرایط محیطی یا ظهور اطلاعات جدید بر عناصر دانش تأثیر می‌گذارد و فرد را وادار می‌کند تا تکانی به خود داده و خود را وفق دهد. رها کردن آنچه که دیگر معتبر نیست و تلاش برای برداشتن گام بعدی، بسیار حائز اهمیت است. رهبران خوب به این مسأله واقفند و از آن به نفع اهداف سازمان و دیگران استفاده می‌برند. آنها هیچ‌وقت به یک موضوع، فرایند یا فعالیت خاص آنقدر دلبسته نمی‌شوند که برایشان حکم یک چیز جاویدان یا تغییرناپذیر را داشته باشد. هر موضوع، فرایند یا فعالیت مانند تکه‌ای از پازل است که بسته به تقاضای یک زمانِ خاص می‌آید و می‌رود. رهبران خوب می‌دانند که چه وقت باید گذر کرد و چه وقت باید ثابت‌قدم ماند و جنگید. به‌علاوه، آنها می‌دانند شرایط پیچیده و پرهرج‌ومرج سازمان نیازمندِ نظارتِ دائمیِ چشم‌انداز کلی و خواندنِ بموقعِ نشانه‌های تغییر و به تناسب آن انطباق در زمان مناسب است.

یک رهبرِ خوب می‌داند که سیستمِ پیچیده تنها زمانی درست کار می‌کند که سیستمِ ساده درست کار کند. اگر چیزی در نقطه‌ی خدمات سر جایش نباشد، تمام سیستم تحت‌الشعاع قرار می‌گیرد. از آنجایی که در یک سیستم مؤثر و پایدارِ پیچیده، وابستگی و تعامل بین قطعاتِ ساده بسیار نزدیک است، هنگامی که سیستمهای ساده با مشکلی مواجه شوند، تمامی سطوح سیستمِ

پیچبده مختل خواهند شد. رهبران می‌دانند که سیستم فیزیک یک فرد جزئی از سیستم بزرگتری است که در بر گیرنده‌ی ذهن، عواطف، خانواده و جامعه است که در محیط خرد و محیط کلان قرار دارد. رهبر ن می‌دانند که سیستم قابلیتهای خود را در جهت کسب انرژی از فرصتها قرار می‌دهد. و کارآفرینان با درک اهمیت سیستم و تعامل آن با محیط به تشخیص دردهای درمان‌نشده‌ی اجتماع می‌پردازند و با ارائه‌ی محصول به منظور به آرامش رساندن آنها برای لذت و شور زندگی حرکت و اقدام می‌کنند. این همان فرصت‌یابی و تمرکز بر پاسخ به آن است.

فشردگی زمان بر نحوه‌ی انجام کار تأثیر خواهد گذاشت

هیچ رهبری وجود ندارد که متوجه تغییر درکمان از مفاهیم زمان و مکان نشـــده باشد. بیشتر افرادِ حاضر در نیروی کار متوجه شده‌اند که زمان شتاب‌گرفته است و سریعتر شدنِ آن بر محتوا و جریان کار تأثیر گذاشته است. رهبران به هر طرف که می‌نگرند درمی‌یابند که افرادِ درونِ سازمان از این گله می‌کنند که زمان کافی برای انجام تمامیِ وظایف را ندارند.

عامل اصلی این فشرده‌ســازیِ زمانی و کاری، تکنولوژی است. انتقال سریعِ اطلاعات و تحویلِ ســریعِ کالاها و خدمات در جامعه‌ی جهانیِ ما تبدیل به یک امرِ عادی شــده اســت. نیاز به وجود سلسله‌مراتب از دنیای کاروکسب حذف شده است. در اواخر دهه‌ی ۱۹۸۰ و اوایل دهه‌ی ۱۹۹۰، رهبر ن سازمانهای خود را از نو پیکربندی کردند تا ساختارهای مدیریتی‌ای که برای مدت مدیدی جزو فرهنگ سازمانی بودند را کنار بزنند. هدف از این کار، تسریع و روانتر کردن سازمانها بود.

یکی از مسئولیتهای رهبران کمک به وفق پیدا کردن کارکنان و مواجهه با غمِ حذف ساختارهای قدیمی است. برای مثال، بسیاری از دلایلی که باعث شد متخصصین سلامت وارد این حوزه شوند دیگر وجود ندارند. با وجود این، متخصصین سلامت هنوز هم بر این باورند که دلایلشان موجه بوده و نمی‌پذیرند که تصورات آرمانی‌شان در خصوص گذشته ممکن است آنها را از قبولِ آینده به دور نگه دارد.

یکی از راههایی که می‌توان به متخصصین سلامت کمک کرد تا با این غم کنار بیایند این است که از آنها بخواهیم چیزهایی که از دست داده‌اند را به زبان آورند. ترغیبشان کنیم که معین کنند به‌منظور به دســت آوردن مهارتها باید از چه چیزهایی بگذرند و به چه نقشــهایی مسلط شوند تا بتوانند در سیستم جدیدِ سلامتْ عملکرد خوبی داشته باشند. هر شخص باید به زبان خود آنچه را که از دست داده، جان بخشد و سپس به‌طور نمادین با آن وداع کند تا بتواند قدم در مسیرِ تغییر و ابتکار گذاشته و با چالشهای آینده روبه‌رو شود.

مرگ نیز بخشــی از چرخه‌ی حیات اســت و پیش‌نیازِ تمامی تغییرات. چیزهایی که در جهان درحال شکوفایی هستند، همیشه اینگونه نمی‌مانند. هنگامی که شرایط شدیداً تغییر کند، برخی از

سیستمهای سرسخت پیشین با شکست مواجه خواهند شد. در برخی موارد، تقاضا ورای ظرفیتِ سیستم است و سیستم نمی‌تواند خود را وفق دهد؛ در موارد دیگر تغییرات نیازمندِ شکل جدیدی از کار هستند؛ شکلی که نمی‌توان صرفاً با دگرگونیِ برخی از مشخصه‌های محیطِ کار به آن دست یافت.

رهبران باید به نابودی یا ناپدیدی شکلهای گذشته کمک کنند. از آنها انتظار می‌رود که برای کارکنان توضیح دهند که فرایندِ پایان بخشیدن، جزءِ ضروریِ فرایند سازمانی است. یکی از بخشهای دشوار این تغییر، عوض کردن ذهنیت و رفتار کارکنان نسبت به تداوم کار است. عادی است که کارکنان در روزمرگیِ خود جا بیفتند. وابستگی آنها به این روزمرگیها شاید تنها نقطه‌ی امنیت‌شان در این دنیای سریع باشد. اما چیزی که شاید به آن واقف نباشند این است که پافشاری بر فعالیتهایی که دیگر مطرح نیستند می‌تواند برای توانایی موفقیت‌شان در آینده خطر ایجاد کند. رهبران باید این حقیقت را به کارکنان گوشزد کنند که تلاشِ کاری و عملکرد، اموری گذرا بوده و وابستگی به خودِ کار می‌تواند بزرگترین مانع برای موفقیت خودشان و سیستم باشد. رهبران می‌دانند که بسیاری از افراد سازمان تمایل دارند کاری را که در حال انجام آن هستند ادامه دهند مگر اینکه نیرویی به آن وارد شود؛ همانند توپی که تا ضربه‌ای به آن وارد نشده تمایل به ایستایی دارد. پس مقاومت در مقابل تغییر اجتناب‌ناپذیر است، اما ادامه‌ی مقاومت نشانه‌ی ضعف مدیریت ارشد یا رهبری سازمان است که نتوانسته نیروها را برای حرکت یکپارچه کند. لازم به ذکر است مقاومت در برابر تغییر در بخشهای مختلف سازمان پراکنده است، اما رهبر با آموزش و تغییر بینش و ایجاد باور جدیدْ شور حرکت را در سازمان ایجاد می‌کند و اگر فردی نخواست با چشم‌انداز رشدخواه سازمان هماهنگ شود و ترمز سازمان باشد، باید حذف شود. می‌بینید که قوانین فیزیک چقدر در اداره‌ی سازمان به کار می‌آیند.

نتیجه‌گیری

رهبران عمدتاً درگیرِ وفق یافتن با تغییرات هستند و تمامی عملکردها و فعالیتهای رهبران تحت‌الشعاع این موضوع است. درواقع، نظریه‌پردازان اینک نسبت به قبل با قطعیتِ کمتری راجع به ویژگیِ رهبران صحبت می‌کنند. رهبران به‌جای اینکه طبقِ مجموعه‌ای از اصولِ تغییرناپذیر پیش بروند، باید انطباق‌پذیر و انعطاف‌پذیر باشند؛ چرا که نقش‌شان هماهنگ با شرایط تغییر می‌کند.

رهبران آگاه هستند که بهترین راهِ تشخیصِ جهتِ تغییر آن است که دنبال معنای پشتِ پرده باشند. آنها به‌طور پیوسته ورای حال حاضر می‌نگرند و در پی رویدادهای احتمالی و رخ نداده هستند تا بتوانند حال و جهت تغییر را بهتر ارزیابی کنند. جزر و مدهای نامحسوسی که در پس وقایع جریان دارند بیشتر از خود وقایع برای رهبران مفید هستند.

از فیزیک کوانتوم به‌سمت تفکر و برنامه‌ریزی کوانتومی

در این مطلب به معرفی هفت نظریه‌ی فیزیک کوانتوم پرداخته می‌شود که با الهام گرفتن از آنها می‌توان به شیوه‌های تفکر جدیدی در رابطه با برنامه‌ریزی دست پیدا کرد. انتخاب این هفت نظریه براساس فرمول خاصی نبوده است و صرفاً به‌خاطر این آورده شده‌اند که بیشترین شباهت و مناسبت را با مشکلاتی که در پی حل آن هستیم، دارند. ترتیب چینش این نظریات نیز اینگونه است که از ساده‌ترین آنها شروع شده و با نظریات دشوارتر خاتمه پیدا می‌کند.

در تعریف ما برنامه‌ریزی کوانتوم یعنی بهره بردن از برخی ایده‌ها و نظریات فیزیک کوانتوم به منظور ارتقا و بهبود کیفیت تفکر و یادگیری در فرایندهای برنامه‌ریزی استراتژیک. شما می‌توانید از این نظریات و ایده‌ها همچون ابزاری برای برنامه‌ریزی استفاده کرده و به هنگام برنامه‌ریزی با رجوع به آنها سؤالاتی را در مورد احتمال یا عدم احتمال وقوع برخی رویدادها مطرح کنید. به این ترتیب می‌توانید احتمالات بسیاری را بررسی کنید و گزینه‌های بیشتری را در دسترس داشته باشید.

این ایده در دو مرحله توضیح داده می‌شوند: ابتدا هفت نظریه‌ی اصلی فیزیک کوانتوم را شرح می‌دهم، سپس با استفاده از این نظریات به تبیین نحوه‌ی ارتباط این اصول با فرایند برنامه‌ریزی استراتژیک، و چگونگی بهره‌وری از آنها می‌پردازم.

این هفت نظریه‌ی کوانتومی بشرح زیر هستند:

۱. دوگانگی موج–ذره. این نظریه بیانگر این است که نور هم از ویژگیهای یک ذره برخوردار است و هم از ویژگیهای یک موج. نور در آن واحد هر دوی اینها است و می‌تواند ویژگیهایی مشابه با یک دانه‌ی شن یا موج دریا داشته باشد. به این ترتیب، هم ویژگیهای هر دو را داراست و هم می‌تواند به هنگام کاربرد، با توجه به موقعیت، در نقش یکی از آنها ظاهر شود.

نیازهای یک مشتری می‌تواند مجزا یا پیوسته باشد. یک سازمان همیشه باید هم نیازهای خاص را هدف بگیرد و هم احتیاجات عام را. رویدادهایی که در بازار رخ می‌دهند در هر زمان اهمیت منحصربه‌فرد خود را دارند. یک رویداد واحد ممکن است بسته به یک نقطه نظر خاص، معانی متفاوتی داشته باشد. امکان دارد تغییراتی در بازار رخ دهد که هیچ وابستگی‌ای به اتفاقات گذشته نداشته باشند. ممکن است یک تغییر به‌طور کاملاً غیرمترقبه رخ دهد اما هنگامی که رخ داد به چشم یک اتفاق کاملاً منطقی دیده شود.

۲. اصل عدم قطعیت هایزنبرگ[۱]. نمی‌توان همزمان نسبت به سرعت و موقعیت یک الکترون آگاه بود. تلاش برای اندازه‌گیری سرعت الکترون تأثیراتی را اعمال می‌کند که باعث می‌شود سنجش موقعیت آن غیرممکن شود. و برعکس، تلاش برای موقعیت‌یابی باعث ناممکن شدن

---

۱. **ورنر کارل هایزنبرگ** (۱۹۰۱-۱۹۷۶)، فیزیکدان مشهور آلمانی، برنده‌ی جایزه‌ی نوبل فیزیک و یکی از بنیانگذاران فیزیک کوانتومی بود. او یکی از پنج فیزیکدان تأثیرگذار در فیزیک نوین به شمار می‌رود.

سنجش سرعت الکترون می‌شود. به هنگام موقعیت‌یابی یک الکترون، تنها احتمالات سرعت آن را می‌توان سنجید. و برعکس، به هنگام سنجش سرعت یک الکترون، تنها احتمالات موقعیتش را می‌توان سنجید.

نمی‌توان تمامی اطلاعاتِ ممکن را دانست. نمی‌توان همه چیز را دقیقاً سنجید. بهترین گزینه‌ی موجود، تخمینِ رخداد یک واقعه یا اتفاق است. بنابراین، داشتن سناریوهای مختلف برای اتفاقات مختلف در اینجا به کار می‌آید. نکته‌ی دیگر اینکه در مدیریت منابع انسانی هم از استعاره‌ی باندهای رفتاری استفاده می‌کنیم یعنی با توجه به تیپ شخصیتی و ویژگیها و خصوصیات افراد آنها را برای بخشهای مختلف سازمان انتخاب کرده و با آنها رفتار می‌کنیم. مدیریت شایسته نیازمند تطبیق‌پذیری و تنوع است. نمی‌توان افراد متفاوت با ویژگیها و حتی موقعیتهای متفاوت را با یک شیوه‌ی یکسان مدیریت کرد. هیچ تحلیلی نمی‌تواند چیزی را به‌درستی پیش‌بینی کند. اگر این اتفاق بیفتد هم آن تحلیل صرفاً یک حدس خوب بوده است که فقط همان یکبار به بار نشسته و هیچ تضمینی وجود ندارد که دوباره سودمند باشد.

۳. **در جهان هستی هیچ چیز تا زمانی که مشاهده نشود، واقعی نیست.** هنگامی که یک ذره را مشاهده می‌کنیم، احتمال اینکه آن ذره کجا ممکن است باشد کاهش می‌یابد. احتمال اینکه یک ذره در هر لحظه ممکن است در هرجایی از محدوده‌ی حرکتش باشد وجود دارد، ولو اندک. اما هنگامی که ذره مشاهده شود، از دیدِ ناظر آن، ذره واقعی و مکانش قطعی خواهد بود. برعکس، اگر ذره مشاهده نشود هرجایی ممکن است باشد. در مدیریت هم می‌گوییم فرایند مشاهده بسیار قویتر از فرایند استدلال عمل می‌کند.

قصد و غرض قبلی هرچه که باشد، بازخوردهای متعاقب است که مشخص می‌کند اهمیت یک اقدام چقدر بوده و در چیست. یک شرکت ممکن است محصول یا خدماتی ارائه دهد که با قصد و غرض خاصی تولید شده باشد. اما هنگامی که واکنش مصرف‌کنندگان با نیت شرکت متفاوت باشد، آن وقت آن محصول نیز موازی با واکنش مصرف‌کنندگان تبدیل به چیز دیگری می‌شود.

۴. **توهم مکان و زمان.** برخی از رویدادهای جهان سریعتر از سرعت نور رخ می‌دهد و محدود به تعابیر «گذشته» و «حال» نیستند. رویدادهای مربوط به هم می‌توانند به‌طور همزمان در فواصل بلند یا در لحظه‌ی یکسان رخ دهند. سرعت برخی ذرات از نور بیشتر است بنابراین، یک چیز ممکن است در کسری از لحظه به وجود آمده و همچنین دو رویداد مرتبط با هم به‌طور همزمان به وجود بیایند.

هر ایده‌ای که بر اساس توالی زمان باشد لاجرم از نقطه نظر مشاهده‌کننده‌ی آن اتفاق است و به هیچ عنوان یک حقیقت علمیِ جهان‌شمول نیست. نگاه به یک اتفاق در قالب «گذشته» و اتفاق دیگر در قالب «حال» یا «آینده» می‌تواند محدودیت‌زا باشد. گذشته و حدس و گمان درخصوص

آینده نباید مانع حرکت به‌سوی آنچه امکانپذیر است، شود. حدس و گمان در خصوص آینده لاجرم از نقطه نظر خاصی هستند و تنها در صورتی به تحقق می‌پیوندند که باورشان کنید. باور کردن یک آینده‌ی دیگر می‌تواند موجب خلق همان آینده شود.

۵. **نظریه‌ی «دنیاهای چندگانه»**. مشاهده‌ی یک ذره‌ی نور از نقطه نظر متفاوت منجر به موقعیت متفاوت یا احتمال سرعت متفاوت آن می‌شود. مشاهده‌ی یک ذره‌ی نور از جهات متفاوت نتایج درست و قطعی‌ای ارائه می‌دهد. بنابراین، می‌توان گفت که بیش از یک واقعیت وجود دارد. هنگامی که ذرات سریعتر از نور حرکت کنند نیز این موضوع صادق خواهد بود.

نگاههای بسیار متفاوتی درمورد جهان‌بینی بازار، محیط کاروکسب، ساختار صنعت یا مجموعه‌ی روابط وجود دارد. هر گونه تعبیر در خصوص نحوه‌ی نتیجه‌دهی توالی‌ای از اتفاقات، تنها از نقطه‌نظر خاصی معتبر است. محیط کاروکسب در هر لحظه می‌تواند به دلایل نامرتبط یا مرتبط تغییر کرده و راه را برای احتمالات بسیاری بگشاید. بنابراین، اصرار بر یک دیدگاه و نحوه‌ی عملکرد ثابت، خطراتی را به همراه دارد. گاه لازم است که به عقاید پابرجا حمله کنید و به این ترتیب ظهور عقاید و ایده‌های دیگر را ممکن سازید.

۶. **نظریـه‌ی وحـدت دامنه**. چهار نیروی بنیادینِ جهان (نیروی قوی بین کوارک‌ها، نیروی الکترومغناطیسی بین ذرات باردار، نیروی ضعیف بین الکترونها و جاذبه بین تمامی ذرات) واحد و متصلند. طبق این نظریه، پس از بیگ بنگ نیروی واحدی وجود داشت که از آن چهار نیروی بنیادین جهان پدید آمدند؛ این چهار نیرو اکنون به هم متصلند و باید هنگامی که انرژی تغییر می‌کند در تعادل باشند. همه چیز در یک دامنه‌ی واحد متصل به هم بوده و در تعادل است.

کوارک یک ذره‌ی بنیادی و یکی از اجزای پایه‌ای تشکیل‌دهنده‌ی ماده است. کوارک‌ها با هم ترکیب می‌شوند تا ذرات مرکبی به نام هادرون را پدید آورند که پایدارترین آنها پروتون و نوترون، اجزای تشکیل‌دهنده‌ی هسته‌ی اتم هستند.

دیدگاهی که در یک سازمان به محیط کاروکسب وجود دارد معادل است با ارزیابی اینکه چگونه تمامی عواملی که بر شرایط کاروکسب تأثیرگذارند (از جمله، شرایط بازار کار رقابتی، شرایط اقتصادی، شرایط مقرراتی و شرایط طبیعی یا اکولوژیکی) با هم در ارتباطند. آنچه که یک شخص در خصوص عوامل دخیل در محیط کاروکسب به آن باور دارد، مستقیماً در شکل دادن تفکرش مبنی بر امکانپذیر بودن یک چیز دیگر نقش دارد. در هر لحظه هزاران احتمال برای محصولات و خدمات جدید وجود دارد. البته نباید به‌سادگی از کنار مبحث تعادل گذشت. باید در محیط کاروکسب بین نیروهای ضعیف و قوی تعادل برقرار باشد. مثلاً، قوی بودن اقتصاد و

بد بودن آب‌وهوا یک نمونه از چنین رابطه‌ای است. همان‌طور که هزاران احتمال گوناگون برای محصولات و خدمات مختلف وجود دارد، برای نیروها نیز روشهای نامحدودی وجود دارد که به وسیله‌ی آن می‌توانند در هر لحظه در محیط کاروکسب در تعادل باشند. بنابراین، پذیرا بودن نسبت به طیف وسیعی از احتمالات، موضوعی ضروری در تولید محصولات و خدمات است. درون این محیط اقتصادی، محصولات و خدمات و شرایط کاروکسب همگی با هم در تعاملند.

۷. **همه‌چیز انرژی است.** فرمول معروف اینشتین: «$E = mc^2$» یا «انرژی برابر است با جرم ضرب در توان دوم سرعت نور». همه‌چیز از انرژی‌ای که در سطح مکان حرکت می‌کند، تشکیل شده است.

یک کاروکسب یا سازمان همانند یک سیستم انرژی است که برای فراهم کردن نیازهای انسانها طراحی‌شده است. E، یا همان انرژیِ کاروکسب یا سازمان، شامل جذابیت، یکپارچگی و مفید بودن محصولات و خدمات آن است که سبب می‌شود مشتری خشنود شده و با بازاریابی ارجاعی ما را به مشتریان دیگر معرفی، و تأیید و تأکید کند و به این سبب ما انرژی بیشتری از بازار دریافت می‌کنیم. یک سازمان تا هنگامی که بتواند محصولاتی ارائه دهد که به‌طور مفید نیازهای مصرف‌کنندگان را تأمین کند، انرژی دارد. m، جرم، نشانگر داراییهای سخت و نرمی (داراییهای فیزیکی و انسانی) است که برای تولید این محصولات و خدمات سازمان یافته‌اند. c، عدد ثابت به توان دو، رابطه‌ی مثبت بین ایده‌های جلوبرنده‌ی یک کاروکسب و پیوندشان به ارزشهای مصرف‌کنندگان مورد هدف است. هر چقدر که مصرف‌کنندگان راحت‌تر نیازهایشان برطرف شود (چیزی که آن را ارزش تلقی می‌کنند) انرژی بیشتری در کاروکسب یا سازمان وجود خواهد داشت. یک سازمان هنگامی انرژی بیشتری خواهد داشت که داراییهای سخت و نرم آن با ایده‌هایی تلاقی پیدا کنند که به‌طور مؤثر نیازهای مصرف‌کنندگان را برآورده کنند. حال اگر برگردیم به تعریف مدیریت توجه برای بازاریابی، این فرمول می‌گوید برای اینکه مشتریان با انرژی‌ای که به شما می‌دهند به شما توجه کنند، لازم است شما با ارزشی که به آنها ارائه می‌کنید به آنها توجه کنید. پس همه چیز برمی‌گردد به این رابطه‌ی انرژی و ارزش. طبق اصل اول ترمودینامیک، انرژی سازمان محدود است، اما سازمان اهدافی چون بقا، رشد، سود، و ارتقای کیفیت زندگی بشریت را دنبال می‌کند. پس، به انرژی بیشتری احتیاج دارد و چاره ای ندارد جز اینکه این انرژی را از محیط کسب کند و از آنجایی که هیچ چیز مجانی نیست محیط هم از سازمان طلب ارزش می‌کند. این مدیریت و رهبر سازمان است که با بسیج داراییهای مختلف سازمان نظیر مدیریت منابع انسانی شایسته، مدیریت برند، اطلاعات، منابع مالی و منابع فیزیکی در تولید و ارائه‌ی ارزشی مطلوبتر نسبت به رقبا اقدام می‌کند تا مورد پذیرش مشتریان، واسطه‌ها، تأمین‌کننده‌ها، نیروهای تأثیرگذار و جامعه قرار گیرد. پس قانون اول ترمودینامیک قانون بقای کار و انرژی است. اما قانون دوم ترمودینامیک قانون آنتروپی است این قانون می‌گوید

هر سیســـتمی در طول زمان به سوی فروپاشی می‌رود. تمام فعالیتهای انرژی‌سوز نظیر اختلافات درون‌ســـزمانی، انرژی سازمان را کم می‌کنند. فرسودگی ســـازمانی در اثبات وجود آنتروپی است و بالاخره اینکه ســـازمان هم مانند هر موجود زنده‌ی دیگری مصـــرف انرژی هم دارد، پس میزان کم آنتروپی مطلوب و میزان زیاد آن مضر اســـت. اتلاف انرژی، نشانه‌ای از آنتروپی است. به دست آوردن و جذب انرژی هم نشانه‌ای از یکپارچگی است. هدف باید جذب انرژی بیشتر و اتلاف کمتر آن باشد. داشتن سازمان یادگیرنده و سازمان چابک، میزان یکپارچگی و در نتیجه جذب انرژی از محیط با دادن ارزش بیشتر را افزایش می‌دهد و سازمان کند و ناکارآمد آنتروپی بیشتری داشته و عمر سازمان را با اتلاف انرژی کم می‌کند. در فصل چهارم به‌صورت مفصل به آنتروپی می‌پردازیم.

فصل سوم

بازاریابی و تبلیغات کوانتومی

سؤالات کلیدی:

- منظور از تفکر کاتالیزوری و تفکر کلایدسکوپی چیست؟
- اصول بازاریابی کوانتومی کدامند؟
- چرا به بازاریابی کوانتومی نیاز جدی داریم؟
- تبلیغات کوانتومی چه مدلی برای تحلیل رفتار مصرف‌کننده ارائه می‌دهد؟

فیزیک کوانتوم در خدمت کاروکسب: تفکر کاتالیزوری و کلایدسکوپی

فیزیک کوانتومی عنوان می‌کند که محل مشـاهده‌ی متفاوت منجر به جایگاهی متفاوت برای ذره نوری یا یک احتمال متفاوت می‌شود. این عبارت ممکن است یک گزاره‌ی کاملاً واضح به نظر برسد و اینگونه تحلیل شود که بر اساس نحوه‌ی نگاه ما، وضعیت متفاوت خواهد بود. اما اگر روی ترکیب «احتمال متفاوت» تمرکز کنیم، به این نکته‌ی مهم پی می‌بریم که تغییر در زاویه‌ی دید، نه تنها نحوه‌ی دیدن ما بلکه، احتمال وقوع یک پدیده را نیز تغییر می‌دهد. این اتفاق نیازمند تغییر در نوع تفکر مدیریت یک سازمان است. در اینجا قصد داریم در مورد دو رویکرد تفکر جدید یعنی تفکر کاتالیزوری و کلایدسکوپی به بحث بپردازیم.

تفکر کاتالیزوری چیست؟

تفکر کاتالیزوری در حقیقت برگرفته از نقشی است که یک کاتالیزور در یک فرایند شیمیایی ایفا می‌کند. کاتالیز یا فروکافت، فرایند افزایش سرعت و میزان واکنش شیمیایی از طریق اضافه کردن ماده‌ای به‌عنوان کاتالیزور است که این ماده در جریان واکنش از بین نمی‌رود و می‌تواند پیوسته به ایفای نقش بپردازد.

بر این اســاس، تفکر کاتالیزوری عنوان می‌کند که تغییرات کوچک در حقیقت نقش کاتالیزور را دارند و می‌توانند سرعت و میزان فرایندها را بالا ببرند. متخصصان تفکر کاتالیزوری به سازمانها پیشنهاد می‌دهند که برای ایجاد تغییر در نتایج خود، ابتدا به سراغ تغییر در سؤالاتشان بروند. به عبارتی به‌جای پرسیدن سؤالات واکنشی مانند اینکه «حالا باید چکار کنیم تا این مشکل حل شود؟»، تفکر کاتالیزوری این سؤال را پیشنهاد می‌دهد: «چکار کنیم که آینده‌ی بهتری برای خود و سازمان پدید آوریم؟» به‌جای اینکه بپرسیم: «پول لازم را از کجا بیاوریم؟» این سؤال را مطرح کنیم: «ما در قالب یک جمع، چه منابعی در اختیار داریم که می‌توانیم برای رشد سازمان از آنها بهره بگیریم؟»

تفکر کلایدسکوپی چیست؟

روزابت ماس کانتر، از اساتید دانشکده‌ی کسب‌وکار هاروارد، بر این اعتقاد است که برای موفقیت در آینده، رهبران باید تمام کلیشه‌ها و مرزبندیهای ذهن خود را کنار بگذارند و از زاویه‌ای تازه به مسائل نگاه کنند تا بتوانند مجموعه‌ای نوآور داشته باشند. کانتر، نام این رویکرد را تفکر کلایدسکوپی می‌گذارد. در یک کلایدسکوپ (زیبابین) تکه‌های شیشه رنگی یک الگو را به وجود می‌آورند که این الگو، ثابت نیست. اگر کلایدسکوپ را تکان دهید، بچرخانید و یا زاویه‌ی نگاه خود را تغییر دهید، همان تکه‌های شیشه یک الگوی کاملاً متفاوت را ایجاد خواهند کرد. همچنین اتفاق زمانی رخ می‌دهد که عناصر سازمان خود را به شکل خلاقانه‌ای با یکدیگر ترکیب کنید تا به روشهای جدیدی دست یابید که بتوانید به شکل کارآمدتری مجموعه‌ی خود را مدیریت کنید، مشتریان خشنود بیشتری داشته باشید و مشارکت بیشتری را در نیروهای خود ایجاد کنید. دقیقاً مانند این است که کلایدسکوپ را بچرخانید تا یک وضعیت یکسان را به صدها شکل متفاوت ببینید.

تنها یک تغییر ایجاد کنید تا کل دنیا عوض شود. این مشابه اتفاقی است که درون یک کلایدسکوپ رخ می‌دهد: یک تغییر کوچک و حرکت یک ذره می‌تواند کل تصویر را عوض کند و تصویری جدید و زیبا را به وجود آورد. این نوع تغییر فراتر از تنظیم تسلسل زمانی رویدادها در دنیایی ثابت است. تغییر در این مورد یک دنیای کاملاً جدید را به وجود می‌آورد.

برای سازماندهی تفکر درباره‌ی یک محیط کاروکسبی پیچیده اغلب به حداقل‌سازی و ساده‌سازی تعداد عوامل تعیین کننده توجه می‌شود؛ زیرا تفکر غالب این است که محدود کردن تمرکز، درک موضوع را آسانتر می‌سازد. برای مثال، عبارت «اگر بهترین تکنولوژی را با پایین ترین قیمت ارائه دهیم، رقبا را شکست خواهیم داد» را در نظر بگیرید. عباراتی از این دست برخاسته از طرز تفکری هستند که در مقابل تفکر نوآوری قرار می‌گیرند؛ زیرا تمرکز بر عوامل محدود (در اینجا تکنولوژی و قیمت) ارتباط تفکر یک سازمان را با ریشه‌های کارآفرینانه و خلاقش قطع می‌کند و منجر به ناآگاهی نسبت به پتانسیلهای در حال ظهور می‌شود. همچنین در این نوع تفکر، توسعه‌های کوچکی که پتانسیلهای بزرگ و کاتالیزوری دارند، مورد بی‌توجهی قرار می‌گیرند.

در اینجا بد نیست اشاره‌ای به دنیای موسیقی داشته باشیم. جالب است بدانید که آلبرت انیشتین که تفکر کلایدسکوپی و بسیاری دیگر از ابعاد برنامه‌ریزی کوانتومی برگرفته از نظریات او هستند، نوازنده‌ی بسیار خوب ویولن بود. زمانی که به موسیقی مورد علاقه‌ی خود گوش می‌کنید، به این نکته فکر کنید که آن قطعه زاده‌ی ذهن و قلب یک موسیقیدان است. حتی شاید یک نُت در ذهن موسیقیدان غوغایی به پا کند که نتیجه‌ی آن با استفاده از سازهای مختلف تبدیل به قطعه‌ای زیبا می‌شود. این نت که شاید برگرفته از یک صدای به ظاهر بی‌اهمیت در طبیعت یا حتی کوچه و خیابان باشد در نهایت منجر به یک تغییر بزرگ می‌شود. تفکر کاتالیزوری و کلایدسکوپی نیز چنین

الگویی را دنبال می‌کند. استدلال این تفکر آن است که در فرایند برنامه‌ریزی، جایی برای ایده‌های به ظاهر کوچک و بی‌اهمیت باز نگه داشته شود. تفکر کاتالیزوری و کلایدسکوپی خواهان مطالعه‌ای عمیق‌تر نحوه‌ی ارتباط عوامل بزرگ و کوچک در فضای کاروکسبی است که می‌توانند بر موفقیت سازمان تأثیر بگذارند. یک رویداد نوظهور در ترکیب با تغییر زاویه‌ی دید می‌تواند تعداد بی‌شماری احتمال جدید به وجود آورد.

یکی از اقتضائات مهم این تفکر، فکر کردن به چیزهایی است که «هنوز وجود ندارند». بیایید از دنیای فیزیک خیلی فاصله نگیریم. بر اساس فیزیک کوانتومی، یک زاویه‌ی دید جدید حتی محل قرار گرفتن الکترون را نیز تغییر می‌دهد. بنابراین، می‌توان گفت که تغییر در زاویه‌ی دید یک سازمان، پتانسیل آن سازمان برای تحقق اهدافش را نیز تغییر می‌دهد. فقط کافی است "یک نفر" این فرصت را ببیند. به عبارت دیگر، نیازی برای تشکیل جلسات پرهزینه و اتاق‌های فکر بی‌فایده نیست. به‌محض اینکه فرصتی تشخیص داده شود، تمام عوامل قابل کنترل و غیر قابل کنترل بررسی می‌شوند و با سرعت نور تصمیم‌گیری و اقدام صورت می‌گیرد.

تفکر کاتالیزوری و کلایدسکوپی همچنین بر جریان سیال و مداوم تغییر، تأکید دارد و عنوان می‌کند که نگاه ما به پدیده‌های مختلف از زوایای گوناگون باید همواره در حال تغییر کردن باشد. بدون شک اجرای این رویکرد ساده‌تر خواهد شد اگر تنوع افراد درگیر در فرایند برنامه‌ریزی (از نظر تخصص، سن، تجربه، ملیت و ...) بیشتر باشد. علاوه بر این، تفکر کاتالیزوری و کلایدسکوپی بشدت نیازمند یادگیری مهارت‌های گوش دادن فعال و عمیق است تا فرد پذیرای نظرات جدید باشد و این توانایی را کسب کند که در مواجهه با ایده‌هایی که غیرمعمول هستند، به‌سرعت دست به قضاوت نزند. بنابراین، فرهنگ سازمانی‌ای که قصد دارد مدیریت کوانتومی داشته باشد باید به‌سمتی برود که نیروها در تمام رده‌های سازمان آمادگی ذهنی لازم را برای تغییرات بی‌پایان کسب کنند. برای مثال، ممکن است پروژه‌ای به یکباره قطع شود و پروژه‌ی دیگری جایگزین شود یا اینکه افراد جدید با سرعت بیشتری به تیم اضافه شوند یا از آن جدا شوند.

مشکل سازمان‌هایی که در برابر تغییر مقاومت می‌کنند این است که بشدت روی فرایندهای داخلی خود تمرکز کرده‌اند و رهبری آنها نمی‌تواند تجربیات و اقدامات ماورای مرزهای سازمان را ببیند. حال سؤالی که مطرح می‌شود این است که چگونه می‌توان تفکر کلایدسکوپی را در یک مجموعه‌ی کاری ترویج داد. می‌توانید این قبیل اقدامات را به کار ببندید:

● وظایف کاری چرخشی و تعریف پروژه‌های بین‌رشته‌ای برای قرار گرفتن افراد در معرض ایده‌های جدید

● درخواست از دپارتمان‌های مختلف برای سر زدن به بخش‌های دیگر سازمان برای کشف روش‌های جدید انجام کارها

- ارسال نیروها به بیرون سازمان برای مشاهده‌ی روشهای متفاوت کاری
- ترتیب دادن جلسات مختلف بحث و بررسی با افرادی خارج از سازمان
- در نظر گرفتن بودجه برای نیروهایی که قصد شرکت کردن در کنفرانسها و رویدادهایی با محوریت خلاقیت و نوآوری دارند.
- تشویق تمام نیروها برای پرسیدن سؤالات عجیب‌وغریب و نامتعارف. فراموش نکنیم که بسیاری از ابداعات و نوآوریها حاصل سؤال یا ایده‌ای بودند که در ابتدا احمقانه به نظر می‌رسیده است.

۵ اصل کاروکسب کوانتومی

آنطور که تا به اینجا مشخص شده است، کاروکسب کوانتومی شاخه‌ای نوظهور در علوم حوزه‌ی کاروکسب است که قصد دارد با محور قرار دادن اصول و نظریه‌های کوانتومی پیشنهاداتی را به مدیران و رهبران سازمانها ارائه دهد تا این افراد بتوانند سازمانهایی بدون مرز، چابک و کاملاً انعطاف‌پذیر را به وجود آورند؛ سازمانهایی که به نظر می‌رسد با فضای بدون ثبات بازارهای امروزی تطابق بسیار مناسبی داشته باشند. در ادامه تعدادی از مهمترین اصول کاروکسب کوانتومی را بررسی می‌کنیم.

اصل ۱ - برهم‌نهی (Superposition)

آلبرت انیشتین اولین کسی بود که ادعا کرد که یک ذره‌ی نور می‌تواند هم یک ذره باشد هم یک موج. او این موضوع را از راه منطق نشان داد و بعدها این ادعا از راه آزمایش نیز اثبات شد. بعدها لویی دوبروی نیز این فرضیه را مطرح و سپس اثبات کرد که الکترونها نیز از این خاصیت دوگانه بهره‌مند هستند. برهم‌نهی یعنی اینکه: هر ذره همزمان در چندین وضعیت قرار دارد. به‌علاوه، تنها در لحظه‌ی مشاهده است که یک ذره انتخاب می‌کند که ذره بماند یا موج. به این کار «کاهش دادن عملکرد موجی ذره» گفته می‌شود.

مشتری هدف نیز مانند یک ذره می‌تواند همزمان چندین وضعیت داشته باشد. او ممکن است از کشف یک ویژگی جدید محصول راضی باشد، اما از دوام آن خاطرجمع نباشد؛ نگران وضعیت مالی عرضه‌کننده و مشتاق به همکاری با فروشنده‌ی او باشد. از سوی دیگر، هرچه بیشتر مشتری هدف را مشاهده کنیم و از او سؤالات بیشتری بپرسیم، عملکرد موجی او را بیشتر می‌فهمیم: به این ترتیب با دقت می‌توانیم تعیین کنیم در چه وضعیتهایی قرار دارد و چه کنشهای دادوستدی مرتبطی باید اجرا شوند. به این ترتیب از یک مرحله‌ی احتمالی که پر از شک و شبهه است وارد مرحله‌ای می‌شویم که همه چیز سر جای خودش قرار دارد.

بنابراین، وظیفه‌ی یک متخصص این است که مطالعه‌ای ۳۶۰ درجه‌ای انجام دهد. او برای این

منظور باید موقعیتهایی را که در آن می‌تواند نیازهای مشتری بالقوه را تخمین بزند، بیشتر از پیش کند (ایمیل، شبکه‌های اجتماعی، رویدادهای فیزیکی) و از ابزار دیجیتالی بهره بگیرد تا رفتارهای مشتریان هدف را بررسی کند. به محض اینکه توانست به نتیجه‌گیری مناسب برسد، می‌تواند کنشهای فروش مناسبی انجام دهد.

اصل ۲ – عدم قطعیت (Indeterminacy)

دنیای ذره‌ها، دنیای قطعیت نیست بلکه، دنیای احتمالات است. اگر ما ذره‌ای را به حرکت در بیاوریم (مثلاً با انرژی دادن به آن)، امکان ندارد بتوانیم با قطعیت تعیین کنیم که در چه جهتی حرکت خواهد کرد. ذره بدون هیچ قطعیت خودش لحظه و مسیر حرکتش را مشخص خواهد کرد. ولی از طرف دیگر می‌توان احتمالات مسیر حرکتی آن را بررسی کرد.

مشاهده‌ی منفرد از رفتار یک مشتری بالقوه (حتی بررسی آن طبق علم احتمالات) بسیار شایسته‌تر از مشاهده‌ی یک گروه به‌ظاهر یکپارچه است. در کاروکسب، کلی‌نگری بدون توجه به جزئیات گمراه‌کننده است. برای مثال، ابزارهای تحلیلی که شاخصهای ترافیک یک وب‌سایت را فراهم می‌کنند، تنها اطلاعات را جمع‌آوری می‌کنند: تعداد بازدید. این ابزارها تنوع خارق‌العاده‌ی هر موقعیت را بیان نمی‌کنند. از منظر کوانتومی، لازم است که از راه‌حلهایی استفاده کنیم که مسیر هر بازدیدکننده را به‌صورت ارتباطات تک‌به‌تک دنبال کند.

اصل ۳ – درهم‌تنیدگی (Intrication)

ذرمها در یکدیگر تنیده شده‌اند. یعنی فارغ از فاصله‌ی بین دو ذره، هر گونه تغییری در وضعیت یکی از آنها بلافاصله وضعیت دیگری را تغییر می‌دهد. می‌توان گفت که تمامی ذرات به‌طور گریزناپذیری در محیط به یکدیگر گره خورده‌اند.

از این رو، ما هم بر این باوریم که مدیران کاروکسب نباید اهداف را مجزا از یکدیگر به حساب بیاورند بلکه، آنها را در یک «سیستم محلی» مشاهده کنند. این سیستم محلی می‌تواند اکوسیستم خانوادگی، شهر، یا شرکت آنها باشد. در مدل بنگاه‌به‌بنگاه که تمامی تصمیمات به‌طور جمعی گرفته می‌شود، این نوع بازاریابی به شکل سنجیدن بلوغ شرکت، از جمله تصمیم‌گیرندگان، کاربران، بالادستی‌ها و یا حتی خریدارانی که به‌طور مستقیم یا غیرمستقیم در آن انتخاب سهیم‌اند، اجرا می‌شود.

اصل ۴ – تزریق انرژی کوانتومی (Quantification)

در سال ۱۹۰۰، ماکس پلانک در حالی که مشغول محاسبه‌ی میزان انرژی ساطع شده از سوی

رشته‌های لامپ بود به نتایج نامفهومی دست یافت. او متوجه شد که برای جابه‌جایی الکترونی که دور هسته‌ی اتم می‌چرخد باید مقدار انرژی خاصی (در بسته‌ها یا کوانتاهای انرژی) به آن داد. اگر این انرژی کمتر از آن حد مورد نیاز باشد هیچ اتفاقی نمی‌افتد. این با قانون نیوتون، که می‌گوید هر عملی، عکس‌العملی در جهت معکوس دارد، در تضاد است. اگر انرژیِ داده شده کافی باشد، الکترون وارد مدار بالاتری می‌شود و سپس انرژی‌ای را آزاد می‌کند که بسامد و نوسانش به موقعیت جدید بستگی دارد.

بیایید مشتری بالقوه را نه در یک محور زمانی تک‌جهته بلکه، همانند الکترونی ببینیم که میزان علاقه‌اش نسبت به پیشنهاد شما با محور گردش‌اش به دور هسته همخوانی دارد. اگر این سطح علاقه پایین باشد، مشتری در سطح «بی‌علاقگی» قرار دارد. کمی بالاتر، «کنجکاوی» و سپس «تأمل»، «تعهد»، «تصمیم»، «تعهد و وفاداری»، در مدار ششم بازاریابی ارجاعی هستند. سنجیدن نوسان و بسامد علاقه‌ی مشتری امکانپذیر است. برای اینکه سطح علاقه‌ی مشتری را بالاتر ببرید باید به آن میزان انرژی خاصی بدهید. این را هم در نظر داشته باشید که وقتی الکترون دیگر انرژی دریافت نکند، به سمت مدارهای پایین‌تر حرکت می‌کند.

پس نقش بازاریاب قبل از هرچیز، سنجش این بسامد و نوسان است. امروزه این موضوع به کمک تکنولوژیهای دیجیتال امکانپذیر است. بسامد برابر است با تعداد بازدیدهایی که از صفحه‌ی وبسایت انجام شده و نوسان نیز بر حسب صفحات بازدید شده محاسبه می‌شود. وقتی «مدار» شناسایی می‌شود، بازاریاب باید مقدار انرژی خاصی را که برای رسیدن به سطح بالاتر لازم است آزاد کند. سطح این کوانتوم از راه مشاهده‌ی مجموعه‌ای از آزمایشها بر روی مشتریان بالقوه‌ی مشابه معلوم می‌شود.

اصل ۵ - ناجابه‌جایی (Non commutativity)

هندسه‌ی ناجابه‌جایی اولین بار در آثار یان وان نومان پدیدار شد و سپس آلن کان آن را تکامل داد. در جهان کوانتومی امکان ندارد که ترتیب اجزای یک معادله را تغییر داد ولی نتیجه ثابت بماند. مثلاً معادله‌ی ۳×۲=۲×۳ امکانپذیر نیست. اگر از یک ذره اول بپرسید «موقعیت‌ات را به من بگو» و بعد «سرعت‌ات را به من بگو»، نتیجه‌ای که دریافت می‌کنید با «سرعت‌ات را به من بگو» و بعد «موقعیت‌ات را به من بگو» تفاوت دارد. اگر یک حرف، کلمه یا جمله را تغییر دهید، همه چیز تغییر می‌کند.

مخاطبان بیش از پیش به‌دنبال معنا می‌گردند. ارتباطات خوب دیگر صرفاً محدود به فروش محصول به مصرف‌کننده نیست بلکه، متشکل است از گفتن یک داستان خوب و فراهم آوردن یک تجربه‌ی جالب برای مشتری. در چنین بافتی، سناریوی شخصی‌سازی‌شده‌ی کمپین عنصری

حیاتی به شمار می‌رود.

بنابراین، وظیفه‌ی مدیر ارشد کاروکسب است که با آزمونهای خود و همچنین با تشخیص خودش ترتیب صحیح انتقال پیامها را در قالب داستانگویی تعیین کند. این ارتباط ازپیش‌نوشته‌شده رابطه‌ی اعتمادی بین تصمیم‌گیر و برند، بین خریدار و فروشنده، را تحکیم می‌کند.

چرا کاروکسب کوانتومی مهارت ضروری بعدی برای مدیریت کاروکسب‌ها است؟

در سالهای اخیر کلمه‌ی فنی «کوانتوم» در جاهای گوناگون ظاهر شده است. این کلمه‌ی لاتین که به‌معنای «مقدار» است اخیراً برای توصیف یکی از اشکال بسیار مدرن و نوظهور کاروکسب استفاده شده است. طبق گفته‌ی متخصصین حوزه‌ی کاروکسب، یک تغییر رژیم اساسی و دیجیتالی در حال وقوع است و یاد گرفتن مهارتهای کاروکسب کوانتومی جزو چالشهای آینده‌ی این حوزه خواهد بود.

رشد تحسین‌برانگیز این حوزه تا چه زمانی می‌تواند ادامه داشته باشد؟

در واقع، تغییر رژیم دیجیتالی تا همین الان هم بوقوع پیوسته است امروزه یک نفر با استفاده از گوشی هوشمندش می‌تواند در عرض چندین دقیقه وظیفه‌ی بازاریابی‌ای را انجام دهد که قبلاً هفته‌ها طول می‌کشید. هرچقدر هم که یک کمپینِ برنامه‌ریزی شده پیچیده باشد، درعرض چند میلی‌ثانیه می‌توان آن را اجرا و بهینه‌سازی کرد. اما تحقیقات اخیر نشان داده است که مسیر بازاریابها به سوی بازدهی و کارآمدی بهتر ممکن است با مشکلاتی جدی روبه‌رو شود.

برای مثال، تحقیقات نشان داده است که ۴۹ درصد بازاریابها آگاهی و مهارتهای اصلی‌ای که برای رشد مسیر حرفه‌ای خود را لازم دارند، ندارند. از جمله‌ی این مهارتها می‌توان به بازاریابی موبایلی، بازاریابی سرچ، اتوماسیون و تلفیق بازاریابی و تحلیل داده و گزارش‌دهی اشاره کرد.

آیا با سقوط گوشی‌های هوشمند کاروکسب کوانتومی اوج خواهد گرفت؟

متأسفانه بسیاری از کاروکسب‌ها آموزش حرفه‌ای را به شکل یک انتخاب برگشت‌ناپذیر می‌بینند؛ یعنی از نظر آنها در اولویت قرار دادن یک مهارتْ به‌معنای نادیده گرفتن یک مهارت دیگر است. اما تکنولوژیهایی چون بلاکچین و علم اطلاعات کوانتومی آثاری اخلال‌کننده در کاروکسب خواهند داشت.

مدیرعامل اپل، تیم کوک، حتی عمر گوشی‌های هوشمند را، به‌رغم اثرگذاری درخشان آن بر رشد بازاریابی دیجیتال، محدود می‌داند. اما با این حال، بازاریابها اگر از قبل در موقعیت مناسبی قرار داشته باشند، هنوز هم می‌توانند از فرصتهای تازه نهایت استفاده را ببرند.

کاروکسب کوانتومی نوید فرصتهای هیجان‌انگیز را می‌دهد

در کاروکسب کوانتومی، برندها می‌توانند بیش از همیشه به مشتریهای ثابت و بالقوه‌شان نزدیک شوند. برندها می‌توانند برای مثال با دنیایی وفق پیدا کنند که در آن میکروچیپ‌های کوانتومی در وسایلی که مشتریها روزانه از آن استفاده می‌کنند، قرار دارند.

بازاریابها همچنین این گزینه را دارند که تجربه‌های پویا و بهینه‌ای را مستقیماً به لنزهایی منتقل کنند که مشتریان استفاده می‌کنند. این نوع لنزها می‌توانند پیامهای تبلیغاتی را بر روی هر سطحی نمایش دهند. بنابراین، مشتریها می‌توانند به‌اندازه‌ی خودِ نیروی کار یک کاروکسب، به آن کاروکسب نزدیک باشند.

بازاریابها چگونه می‌توانند از فرصتها بهره ببرند؟

به‌رغم مسیری که تکنولوژی بازاریابی برای تحول خود طی کرده است، چیزی که بیش از همه بر توانایی یک شرکت برای غلبه کردن بر چالشهای آینده تأثیر می‌گذارد سرعت نیست بلکه، خودِ تغییرات عمده‌ی کاروکسب است. سازمان برای سازگاری موفق نیازمند تغییر مداوم در قابلیتهای اجرایی خود، شناخت و مدیریت کردن مشتریان در مقابل رقبا و ارائه‌ی محصولات بازآوری جامع در ابعاد طراحی، تکنولوژی، فرایندها و روندها و بازاریابی و فروش دارد. چگونگی این تغییرات در سازمان براساس استراتژی آن است و کارکرد اصلی استراتژی، کشف و به فعلیت رساندن فرصتهاست.

تغییرات دیجیتالی مسائل انسانی را به حاشیه رانده و مسائل دیجیتالی را در کانون توجه قرار داده‌اند. بنابراین، کاروکسب‌ها باید نگاه جامع داشته باشند. با پیشرفتهای اخیر در زمینه‌ی هوش مصنوعی و یادگیری ماشین، اینک زمان هیجان‌انگیزی برای حوزه‌ی کاروکسب است.

تغییرات دیجیتالی مسائل انسانی را به حاشیه رانده و مسائل دیجیتالی را در کانون توجه قرار داده‌اند.

رفتار مصرف‌کننده و چهار اصل تبلیغات کوانتومی

در بین مدلهای گوناگونی که برای رفتار مصرف‌کننده وجود دارد و سازمانها کمپین‌های تبلیغاتی و بازاریابی خود را بر اساس آنها تنظیم و اجرا می‌کنند، می‌توان به دو مدل کلی اشاره کرد که مانند چتر سایر مدلها را زیر سایه‌ی خود می‌گیرند. این دو مدل بدین شرح هستند:

۱. مدل اول عنوان می‌کند که رفتار مصرف‌کننده اساساً منطقی است. بر اساس این مدل، مصرف‌کنندگان به‌طور منطقی رفتار می‌کنند و پول خود را بدون دلیل و منطق خرج نمی‌کنند. شواهد و مدارک فراوانی برای اثبات درستی این مدل وجود دارد. برای مثال می‌توان به

خرده‌فروشی‌ها اشاره کرد. خرده‌فروشی‌ها بخوبی می‌دانند که می‌توانند با پایین آوردن قیمت‌ها، ارائه‌ی تخفیفات و سایر اقدامات ترویجی، مشتریان را به سمت خرید بیشتر سوق دهند و به نوعی بر رفتار خرید آنها تأثیر بگذارند.

۲. برخلاف مدل اول، مدل دوم تصریح می‌کند که رفتار مصرف‌کنندگان اساساً غیرمنطقی است. این مدل که در آثار دانیل کانمن (Daniel Kahneman) به‌طور خاص مورد بررسی قرار گرفته عنوان می‌کند که مصرف‌کنندگان از انگیزه‌های اصلی خود در خرید آگاه نیستند و احساسات آنهاست که برایشان تصمیم می‌گیرد. برای این مدل نیز شواهد و مدارک زیادی وجود دارد که بارزترین و به‌روزترین آنها مربوط به یافته‌های نورومارکتینگ درباره‌ی تلاش برندها برای دست یافتن به ناخودآگاه مشتریان است.

بنابراین در بحث رفتار مصرف‌کننده، علم بازاریابی از دیرباز با دو مدل متناقض روبه‌رو بوده است. یکی از بهترین روش‌هایی که می‌توان این تناقض را توضیح داد، استفاده از یافته‌های فیزیک کوانتومی است. در فیزیک کوانتومی، یک ذره‌ی بنیادی را می‌توان به شکل یک ذره یا یک موج در نظر گرفت. با توجه به این نکته‌ی مهم می‌توان گفت که رفتار مصرف‌کننده در کاروکسب نیز ماهیتی دوگانه دارد. همچنین در فیزیک کوانتومی، قطعیتی وجود ندارد و ما فقط با احتمالات سروکار داریم. استراتژی‌های ما در بازاریابی و تبلیغات نیز در شرایط فعلی وارد دنیایی از احتمالات می‌شوند و به همین دلیل انتظار پیش‌بینی‌هایی که درصد تحقق بسیار بالایی داشته باشند، حداقل در وضعیتی که در آن قرار داریم، انتظار غیرواقع‌بینانه‌ای است.

انیشتین درباره‌ی ماهیت نور می‌گوید: «ما با نوع جدیدی از دشواری روبه‌رو هستیم. دو تصویر متناقض از واقعیت داریم که جدا از هم نمی‌توانند پدیده‌ی نور را توضیح دهند، اما در کنار هم می‌توانند توضیحی برای این پدیده ارائه دهند». اصل عدم قطعیت در فیزیک کوانتومی بر این نکته تأکید می‌کند که می‌توانیم از جایگاه یا سرعت یک ذره اطلاع پیدا کنیم، اما اطلاع از هر دوی این موارد به‌طور همزمان امکان‌پذیر نیست. این نوع از دوگانگی و عدم قطعیت را می‌توان در بازاریابی و تبلیغات نیز مشاهده کرد. به نمونه‌های زیر توجه کنید:

- مصرف‌کننده برندی را خریداری می‌کند که تبلیغات آن را می‌پسندد. در سبد خرید همین مصرف‌کننده، برندهایی را می‌توان دید که تبلیغات آنها را دوست ندارد
- مصرف‌کننده ممکن است کالایی را بخرد که نسبت به ارزشی که برایش دارد ارزان است. همین مصرف‌کننده ممکن است برای کالایی که نسبت به ارزش وجودی و کاربردی‌اش بسیار گران‌قیمت است، به‌راحتی دست به جیب شود.

این نوع دوگانگی‌ها در رفتار مصرف‌کنندگان به وفور به چشم می‌خورد. اجازه دهید از عبارتی استفاده کنم که به نظرم می‌تواند کمک زیادی به بحث ما کند. آن عبارت، «شکل‌پذیری رفتار

مصرف‌کننده» اســت. شکل‌پذیری رفتار مصرف‌کننده در حقیقت بر این مبنای کوانتومی استوار است که انسانها، هم موج و هم ذره هستند. به همین دلیل رفتار آنها را می‌توان به شکلهایی توصیف کرد که متناقض هستند، اما اشتباه نیستند. با این توضیحات، سراغ چهار اصل تبلیغات کوانتومی می‌رویم:

۱. تمام رفتار خرید را نمی‌توان احساسی یا عقلانی دانست. مصرف‌کنندگان نه ماشینهای فاقد عواطف و احساسات هستند و نه ترکیبی خالص از شور و احساس. فرایندی که زیربنای تصمیم برای خرید را تشکیل می‌دهد، بسیار پیچیده است. همان‌طور که فرمول معروف انیشتین ($E = mc^2$) به ما نشــان می‌دهد که بین ماده و انرژی رابطه‌ی هم‌ارزی وجود دارد، رفتار مصرف‌کننده نیز شامل هم‌ارزی پیچیده‌ای بین منطق و احساس می‌شود.

۲. هنگام توسعه دادن استراتژیهای بازاریابی و تبلیغات، بهترین پیش‌بینی ما از رفتار مصرف‌کننده، کمّی‌سازی احتمالات است. هیچ قطعیتی درباره‌ی رفتار مصرف‌کننده وجود ندارد.

۳. تحقیقات مصرف‌کننده همواره باید میزانی از عدم قطعیت را مدنظر قرار دهد. علاوه بر شرایط فردی، اتفاقات محیطی نیز امروزه تأثیر بســزا و سریعی بر رفتار خرید مردم دارند. برای مثال، اتفاقی مانند پاندمی کرونا نشان داد زمانی که مردم با هر ملیت و وضعیتی در شرایط ترس و اضطراب شدید قرار می‌گیرند، رفتار خرید غیرقابل پیش‌بینی و عجیب‌وغریبی را از خود نشان می‌دهند.

۴. می‌توانیــم پایه‌ای کمّی‌ بــرای زیربنای عاطفی یا عقلانی تصمیم خرید را متصور شــویم، اما کمّی‌سازی ارتباط این دو با یکدیگر امکانپذیر نیست (حداقل تا الان که نبوده است). در حقیقت ما عوامل یا متغیرها را در اختیار داریم، اما نمی‌توانیم از کنار هم قرار دادن آنها به فرمولی قطعی برای رفتار مصرف‌کنندگان دست یابیم که در همه‌ی وضعیتها دارای کارکرد باشد.

فصل چهارم

سازمانهای کوانتومی

سؤالات کلیدی:

- *آنتروپی سازمانی چیست و چه ارتباطی با بهره‌وری سازمانی دارد؟*
- *مهارتهای کوانتومی شامل چه مواردی می‌شوند؟*
- *فیزیک کوانتومی چه کمکی به خالی شدن سازمان از افراد سمی می‌کند؟*

سازمان به مثابه سیستم انرژی

یکی از اســتعاره‌هایی که فیزیک کوانتومی وارد ادبیات حوزه‌ی کاروکسب می‌کند، استعاره‌ی سازمان به مثابه یک سیستم انرژی است. مکانیزم این سیستم انرژی به چه شکل است و چه عواملی بر موفقیت یا ناکامی آن تأثیر می‌گذارند؟ آیا کاروکسب کوانتومی می‌تواند سازمانها را از شر آنتروپی مخرب سازمانی خلاص کند؟

آنتروپی: آنتروپی یا آشفتگی یک خاصیت مقداری در سیستمی ترمودینامیکی است. آنتروپی، بی‌نظمی یا عدم قطعیت یک سیستم را نشان می‌دهد که سبب کاهش انرژی سازمانی می‌شود.

کاروکسب و سازمان به مثابه سیستمهای انرژی

اگر شــرکتها و سازمانهایمان را مانند موجودات تنفس‌کننده و در حرکت ببینیم چه می‌شود؟ ما نمی‌دانیم چه چیزی به ما انرژی می‌دهد که هر ثانیه بتوانیم نفس بکشیم. صرفاً نام آن چیز را «زندگی» گذاشــته‌ایم. اگر بر قدرت نهانی که در سازمانهایمان جریان دارند تمرکز کنیم چه؟ اگر نگاهمان را ورای ترازنامه، داراییهای سخت، ساختمانها و تجهیزات بیندازیم و از خود بپرسیم «چه چیــزی به همه‌ی آنها انرژی می‌دهد؟» چه؟ این نیــروی انرژی‌بخش را چطور توصیف کنیم؟ در معادلات فیزیکی‌مان چه چیزی معادل c^2 خواهد بود؟ چطور می‌توانیم از هر ویژگی ذرات و موج‌ها استفاده کنیم تا درک عمیقتری از سازوکار سازمانهایمان پیدا کنیم؟

در این بخش به توضیح این مباحث پرداخته می‌شود.

ایده به مثابه ذره

سازمانها کار خود را با یک یا چند ایده‌ی مرتبط آغاز می‌کنند. جوشش خلاقانه و کارآفرینانه‌ی

ابتدای کار از یک ایده یا ترکیبی از ایده‌ها نشأت می‌گیرد. ایده‌ها مانند دانه‌هایی هستند که هنوز در خاک حاصلخیز قرار نگرفته‌اند.

خیلی از مواقع وقتی که به یک شرکت، رستوران یا هر سازمان دیگری می‌روم، سعی می‌کنم دریابم که ایده‌ی آن مکان چه بوده است. به کاروکسب‌هایی که خودتان بارها با آن روبه‌رو می‌شوید فکر کنید. برای مثال، مک‌دونالد؛ مکانی که کیفیت فست‌فود در آنجا پیوسته ثابت است. یا مثلاً من وقتی به باشگاه ورزشی حس خوب زندگی[1] فکر می‌کنم، ایده‌ی سبک زندگی سالم در تمام بخشهای آن به ذهنم می‌رسد. مطمئنم که این شرکتها در کانون هدف اصلی‌شان، مجموعه‌ای از ایده‌های به هم پیوسته دارند.

اما اگر این ایده‌ها قرار است بخشی از یک سیستم انرژی باشند، باید ایده‌های خوبی باشند، یعنی باید قابلیت جلب توجه مردم را داشته باشند. باید به لحاظ برطرف کردن نیاز یا علاقه‌ی افراد مناسب باشند. ایده‌های غیرجذاب هیچ انرژی‌ای ندارند.

فایده همگام با موج

ایده‌ها، فایده‌ها قدم بر می‌دارند. این دو پیوند تنگاتنگی دارند. اما همان‌طور که می‌دانیم فایده‌ها به تبعیت از شرایط دنیا و محیط تغییر می‌کنند. ما هم می‌خواهیم ایده‌هایمان این رفتار را داشته باشند و همسو با شرایط تغییر کنند.

فایده‌ها به تجربه و فرهنگ بشری وابسته‌اند. آنها می‌توانند تقریباً از هر تجربه‌ای برون آیند. آنها وابسته به عقاید خاص هستند. بنابراین، فایده‌ها قرار نیست حتماً «منطقی» باشند. تجربه‌ی انسانی، که فرهنگ و عقاید متأثر از آنند، یک فرایند تکاملی است؛ بنابراین فایده‌ها همواره درحال تغییر هستند. تغییرات دائمی سبکهای همه‌چیز - ماشین، لباس، اسباب و وسایل خانه، موسیقی و ... - گواهی است بر این مسأله. فایده‌ها لحظه به لحظه، با ظهور تجربه‌های جدید، تغییر می‌کنند. تغییر نسل یکی دیگر از شواهد روشن در خصوص تغییر فایده‌هاست. فرزندان من در چندین موضوع، مخصوصاً موسیقی، فواید بسیار متفاوتی نسبت به من را دنبال می‌کنند. به نظر من متن برخی از آهنگهای آنها سبک و غیرعادی است در حالی که برای آنها خیلی جالب است. از آن طرف برای آنها موسیقی سنتی حوصله‌سربر است اما من آن را اصیل می‌بینم.

C^2: ایده‌ها ضرب در فایده‌ها

در مرکز هر سازمان موفق یک ایده‌ی خوب (یا حتی عالی) قرار دارد که نیاز یا علاقه‌ای را که همسو با فایده‌های افراد هدف‌قرارداده‌شده‌است، برطرف می‌کند. دقت کنید که از لفظ «افراد

---

۱. مجموعه‌ی ورزشی، اسپا و تندرستی حس خوب زندگی با استانداردهای جهانی واقع در تهران.

هدف‌قراردادەشـده» اسـتفاده کردم. چیزی که الان می‌خواهم بگویم نه حمله به سـنت است نه اخلاقیات. بازیهای ویدئویی خشـن از جمله کاروکسب‌های موفقی هسـتند که از این فرمول در بازارهایشان استفاده می‌کنند. اگر مشتری چیزی را دوست داشته باشد و با ارزشهایش همخوانی داشته باشد، آن وقت نور علی نور است.

قدرت این فرمول به این شکل است: به تصویر کشیدن ایده‌ها در رابطه‌ای جدید با فایده‌ها، برای من حاکی از آن اسـت که فایده‌ها، ایده‌ها را متداول، روان، انعطاف‌پذیر و سازگار با یک محیط در حال تغییر می‌کنند. یک ایده‌ی زمانی بدل به یک ایده‌ی «خوب» می‌شود که در بافت فایده‌های جامعه به تحقق بپیوندد.

اما فایده‌ها بدون ایده‌ها هم منجر به ارزش نمی‌شوند. مثلاً اینکه تمام بچه‌ها باید از تحصیلات ابتدایی برخوردار باشند تا بتوانند به رشد کامل برسند، ارزش والایی است و بسیاری از سازمانها قصد دارند این فایده را محقق کنند. همه به‌دنبال ایده‌های بهتری برای افزودن ارزش هستند. ایده‌ها و فایده‌ها، در کنار هم و در پیوند با یکدیگر، می‌توانند به خلاقیت جامه‌ی عمل بپوشانند.

یادآور می‌شوم ارزش که ملاک انتخاب مشتری است و مطلوبیت نهایی است که نصیب مشتری می‌شـود، از مقایسـه‌ی بین فایده‌ها و هزینه‌ها به دسـت می‌آید. همان طور که هزینه‌ها به چهار دسته‌ی مالی، روانی، انرژی و زمان بخش‌بندی می‌شوند، فایده‌ها نیز به چهار بخش فایده‌ی اصلی، فایددهای جانبی، تصویر ذهنی دریافتی مشتری از سازمان ما، و ارتباطاتی که با او برقرار می‌سازیم، بخش‌بندی می‌شوند.

جِرم یا دارایی (نرم و سـخت) اسـتفاده شده به‌همراه ایده و فایده به‌منظور ایجاد ارزش بالاتر برای مشتری به منظور کسب انرژی بیشتر سازمان

یکی از دوسـتان من با خرید املاک متروکه و سرمایه‌گذاری عاقلانه و ایده‌های بازاریابی عالی توانسته ثروت مادی بزرگی پدید آورد. عملاً تنها کاری که می‌کند این است که به این داراییهای قدیمی ایده و ارزشهایش را تزریق می‌کند. معمولاً هم فایده‌های عرضه شده‌ی این شخص از سوی مشـتریان مورد اسـتقبال قرار می‌گیرد. او مکانهای قدیمی را به خانه‌های برازنده، که هنرمندها عاشـقش هسـتند، تبدیل می‌کند و در این فرایند سـود بالایی می‌کند. ارزشـهای او متمرکز بر مفاهیمی چون موقعیت مکانی مناسـب، بازسـازی باکیفیت، رنگهای جذاب و قیمت قابل قبول هستند. او بخوبی توانسته تمامی این مفاهیم را در یک ساختمان قدیمی و شاید متروکه ببیند.

این مفهوم تنها مختص به داراییهای موجود نیست بلکه، شامل داراییهای ناموجود هم می‌شود. ایده‌ها و ارزشها باید «تحقق» پیدا کنند؛ باید به چیزهای واقعی‌ای تبدیل شوند که مردم بتوانند ببینند. یکی از بهترین مثالها در این زمینه آی‌پادِ اپل اسـت. آی‌پاد نمونه‌ای از ایده‌ی موسیقی و

ویدئوی قابل حمل بوده و به این ترتیب میل مردم به دسترسی داشتن به محتوایشان در یک قالب باکیفیت و سیّار (با استفاده از تکنولوژیهای دیجیتالی و کامپیوتری) را مهیا می‌کند. اما غیر از این، آی‌پاد مظهر هنر و سهولت استفاده بوده و برای شرکت موفقیت بسیاری به همراه داشته است.

در اینجا به موضوع مهمی برمی‌خوریم: نقش زیبایی و هنر. هنگامی که ایده‌ها و فایده‌ها شکل پیدا می‌کنند، هنر و زیبایی پدیدار می‌شود. بیان هنری و زیبایی یک محصول اغلب می‌تواند جذابیت ایجاد کند. تعادل، جریان، و اثرگذاری بصری می‌توانند بنحو خاصی خلاقیت را معتبر ساخته و وسیله‌ای باشند برای تأثیرگذاری عمیق بر روی انسانها. این عوامل می‌توانند موجب پاسخی احساسی شوند که از ژرفای وجود نشأت می‌گیرد. در حضور زیبایی، هنر و سادگی، حس شعف در ما شکل می‌گیرد.

برنامه‌ریزی با فرض بر اینکه سازمان یک سیستم انرژی کامل است

وقتی همه چیز گرد هم می‌آیند حسی جادویی به انسان دست می‌دهد. هنگامی که ایده‌های خوب به‌طور مؤثر و به‌جا به فایده‌های موردنظر مشتریان گره می‌خورند و سپس در یک قالب مصرف‌شدنی و دردسترس به هم می‌پیوندند و ارزش منحصربه‌فردی ایجاد می‌کنند، موفق نشدن کار سختی خواهد بود. وقتی وارد یک سازمان فعال می‌شوم حس مثبتی به من دست می‌دهد.

چیزی که اغلب در سازمانها و شرکتها تجربه می‌کنم این است که انرژی خود را از دست داده‌اند. چیزی که من را غمگین می‌کند این است که افرادی که زمام امور را در دست دارند – افراد مسئولِ برنامه‌ریزی آینده‌ی سازمان - دیگر نمی‌دانند چه چیزی به شرکتشان انرژی می‌دهد. همیشه نمی‌توانم با قطعیت بگویم که چرا نسبت به این مسأله آگاه نیستند اما می‌توانم حدسهایی بزنم. افراد اغلب شغلشان را در چارچوبهای ملاحظه‌کارانه تعریف می‌کنند («کار من این است که شخص x را راضی نگه دارم یا از منافع شخص x محافظت کنم»). گاهی افراد آنقدر به مدت مدیدی کارشان را انجام داده‌اند که یادشان رفته کارشان چه اهمیتی دارد. دلیل این ناآگاهی هرچه که باشد، این افراد نمی‌توانند بنحوی فکر کنند که به سازمان‌هایشان انرژی داده و جرقه‌ای از خلاقیت به وجود آورند.

فکر نمی‌کنم فقط و فقط فاز برنامه‌ریزی باشد که بتواند به سازمان انرژی دهد. اینکه با افراد چه برخوردی شده و چقدر به آنها احترام گذاشته شود نیز مکان خوبی برای شروع تغییرات است و همه می‌توانند در آن شرکت داشته باشند. رفتار همدلانه و محترمانه می‌تواند بسیار اثرساز باشد. متأسفانه احترام در بسیاری از سازمانها جای خود را از دست داده است. بدون احترام، سازمان به شکل یک ماشین به نظر می‌آید که به‌طور مکانیکی واکنش نشان می‌دهد.

اغلب اوقات شفاف بودن در خصوص این مسأله که یک سازمان به‌منظور تحقق چه ارزشها و ایده‌آل‌هایی به وجود آمده، از قلم می‌افتد، فراموش می‌شود و یا به اندازه‌ی کافی بر آن تأکید

نمی‌شود. رهبران کارآمد ارزشهای والاتر را فراموش نمی‌کنند و اغلب تقریباً با اعمالشان آنها را مجسم می‌سازند. پاداش دادن به کارها و شناسایی افرادی که نه تنها ارزشهای سازمان را مجسم می‌کنند بلکه، راهی برای انتقال آن به دیگر کارمندان و حتی مشتریان پیدا می‌کنند، در بسیاری از سازمانها به‌شکل مؤثری صورت می‌پذیرد.

تبدیل انعطاف‌پذیری وفق پذیری به یکی از اهداف استراتژیک مهم شرکت، اغلب در بحبوحه‌ی کم کردن هزینه‌ها گم می‌شود. انعطاف‌پذیری گاهی به‌معنای داشتن منابع اضافی به‌منظور وفق یافتن با تغییر است. یک شرکت ناب ممکن است منابع اضافی را به چشم یک بخش اضافی ببیند نه اندوخته‌ای برای انعطاف‌پذیری.

یکی از راههای مناسب برای یافتن تعادل درست، جستجوی راههای تزریق انعطاف‌پذیری و وفق‌پذیری به داراییهای کلیدیِ عملیاتی‌ای است که بیش از همه به هدف اولیه‌ی بهبود دسترسی مشتریان به ارزشی که می‌خواهند، متصل‌اند. این موضوع در هر شرکت به شکل خاصی خواهد بود، و ایزوله کردن آن بخشها می‌تواند در فرایند برنامه‌ریزی تأثیری کلیدی داشته باشد. در برخی شرکتها، خدمات مشتری در نقش این بخش ظاهر می‌شود و در برخی دیگر این بخش ممکن است بخش تحقیق و توسعه باشد. این بخش امکان دارد که در طول زمان از مدیریت مالی (پایین آوردن قیمت تمام شده‌ی خودرو برای مشتریها) به مهندسی و طراحی (موتورهای چندگانه‌سوز و بازدهی سوخت) تغییر کند، مانند شرکتهای مطرح صنعت خودروی جهان در دهه‌ی گذشته.

عدم انعطاف‌پذیری فرایندها و آنتروپی سازمانی

انعطاف‌ناپذیری فرایند می‌تواند برای کاروکسب‌ها فاجعه به بار بیاورد، مخصوصاً وقتی سرعت بالای تغییر محیط کاروکسب در قرن بیست و یکم را به حساب بیاوریم. سازمانها به فرایندهایی نیاز دارند که همراه با دوران تغییر کنند و انعطاف‌پذیر باشند. این فرایندها همچنین باید توانایی تطابق با پیشرفت تکنولوژی و علاوه بر آن رشد کارکنان، کاهش کارکنان و یا برونسپاری بخشهای کاروکسب با هدف سود رقابتی را داشته باشند. شرکتها برای آنکه بتوانند از رقبای خودی پیشی بگیرند باید دائماً در حال نوآوری باشند. این موضوع نه تنها برای فرایندهای کاروکسب بلکه، برای عناصر دیگرِ درون‌شرکتی مانند بخش فناوری اطلاعات و ارتباطات، مالی، فروش، توسعه بازار یا کاروکسب نیز صادق است. اگر کاروکسب قرار است موفق باشد همه چیز باید در هماهنگی کامل با یکدیگر باشند. اگر فرایندهایی که یک سازمان از آن استفاده می‌کند با طرحها و اهداف سازمان همخوانی نداشته باشد، کارآمدی کاروکسب لاجرم پایین خواهد آمد.

همان‌طور که قبلاً نوشتم، اصطلاح «آنتروپی» از قانون دوم ترمودینامیک گرفته شده است. ترمودینامیک شاخه‌ای از علم فیزیک است که به بررسی انتقال گرما در داخل یک سیستم بسته

می‌پردازد. آنتروپی کم و بیش به میزان بی‌نظمی و آشوب موجود در یک سیستم ترمودینامیکی اشاره دارد. از سوی دیگر، آنتروپی‌ای که مختص مبحث فرایند است، اشاره به فروپاشی فرایند بر اثر انعطاف‌ناپذیری – یا ناتوانی در وفق‌یابی با یک محیط دائماً درحال‌تغییر – دارد. به عبارت دیگر، آنتروپی سازمانی یعنی میزان بی‌نظمی موجود در یک فرایند بسته. اگر یک فرایند از محیطِ درحال‌تغییر ورودی نداشته باشد، یک سیستم بسته به حساب می‌آید.

اگر فرایندها هیچ‌وقت بازبینی نشوند و اطمینان حاصل نشود که هنوز کاروکسب را پشتیبانی می‌کنند، به احتمال زیاد پشتوانه‌ی خوبی برای سازمان نیستند. اگر یک فرایند دو سال پیش خوب عمل می‌کرده، دلیل نمی‌شود که امروز هم خوب عمل کند. حتی در بعضی موارد ممکن است یک فرایند سه ماه قبل عالی بوده باشد ولی برای شرایط کاروکسب حالا مناسب نباشد. خوب بودن فرایند در گذشته دلیلی بر خوب بودن آن برای همیشه نخواهد بود و اگر طرحی برای تضمین کارآمدی فرایند راه نیندازید، فقط و فقط در صورت وجود مشکل از مناسب نبودن فرایند مطلع خواهید شد و نه قبل از آن.

در برخی موارد، مدیران و رهبران بدون هیچ دلیل موجهی فرایندها را بشدت در بند قواعد و قوانین دست و پاگیر اداری (بوروکراتیک) می‌کنند. فرایندهایی که شدیداً بوروکراتیک هستند نمی‌توانند به لحاظ برطرف کردن نیازهای کاروکسب خیلی انعطاف‌پذیر باشند. اگر دیگر نیازی به یک فرایند نباشد چه؟ در اینجا آن فرایند آنقدر در بند بوروکراسی خواهد بود که کارکنان متوجه این موضوع نمی‌شوند، یا جو و فرهنگ سازمان به گونه‌ای است که هیچ‌کس این مسأله را به روی خود نمی‌آورند. به این ترتیب، کاروکسب، منابع خود را صرف فرایندی بی‌هدف می‌کند.

یکی از دلایل مهمی که باعث انعطاف‌ناپذیری فرایند می‌شود، افراد داخل سازمان هستند. اگر یک فرایند تا مدتی با موفقیت اجرا شود، افراد سازمان سخت تلاش خواهند کرد که آن را نگه دارند. اگر کسی سعی کند که فرایند را تغییر دهد با مقاومت سختی روبه‌رو خواهد شد. آدمها از تغییر خوششان نمی‌آید، مخصوصاً تغییر آن دسته از چیزهایی که بخشی از روال جاری و عادی شده باشند یا در گذشته نتایج مثبتی داشته‌اند. وقتی یک فرایند در جای خود مستحکم شود، افراد کورکورانه آن را دنبال خواهند کرد. فرایند به اندازه‌ی خودِ افراد تبدیل به بخشی از فرهنگ سازمان می‌شود.

اجرای نکات زیر می‌تواند از بروز آنتروپی مخرب در سازمان جلوگیری کند:

- فرایندها باید به‌طور منظم براساس متغیرهای داخل و خارج از سازمان تحلیل و به‌روز شوند.
- فرایندها باید بهینه‌سازی شوند تا اطمینان حاصل شود که دلیل موجهی برای انجام بعضی کارها وجود دارد و صرفاً از روی عادت انجام نمی‌شوند. در نگاه اول این مسأله آسان به نظر می‌رسد ولی اصلاً اینطور نیست. مثلاً استفاده از واتس‌اپ در سازمان را در نظر بگیرید. امروزه استفاده از

واتس‌اپ آنقدر در سازمانهای ایرانی فراگیر شده است که هم برای مدیران هم برای تیمها دشوار است که به شیوه‌ی ارتباطی کارآمدتری فکر کنند.

- باید از افرادی که نیاز به تغییر فرایندها را شناسایی می‌کنند حمایت شود. احتمالاً این یکی از دشوارترین مشکلات در این طرح باشد؛ چرا که اعضای تیم پس از مدتی به فرایند کنونی وابسته می‌شوند. جمله‌ای مانند «اما ما که همیشه اینطور انجامش می‌دادیم!» نشانه‌ی واضحی از وجود آنتروپی یا نزدیک شدنش است.
- رهبران و مدیران باید هوشیار باشند و جّو و فرهنگی را به وجود بیاورند که دائماً تضمین کند که فرایندها با متغیرهای در حال تغییرِ اطراف همخوانی داشته باشند. اگر رهبران و مدیران خودشان به این موضوع پایبند نباشند، افراد تیم هم توجه کمتری خواهند داشت و فرایندها به‌روزرسانی نمی‌شوند.

مهمترین عامل در تمام این رویه، رهبری است. رهبران باید برای سازمان دورنمایی داشته باشند که اجازه‌ی انعطاف‌پذیری فرایندها را بدهد. مدیران نیز باید تیمها را به چالش بکشند که این دورنما را به حقیقت تبدیل کنند. به زبان ساده هر وقت مشاهده کردید همه چیز آرام است و سازمان هیچ مسأله‌ای ندارد نگران شوید و خودتان سازمان را به آشوب مثبت بکشانید. بازبینی دائمی فرایندها به‌منظور تضمین همخوانی‌شان با محیط، به شناسایی و انجام تغییرات لازم برای باقی ماندن سازمان در رقابت و رشد منظم آن کمک می‌کند. یکی از بهترین روشها برای هدایت آنتروپی سازمانی در مسیری که منجر به چندصدایی و افزایش بهره‌وری شود، استفاده از رویکرد کوانتومی در رهبری استراتژیک است. تیم لودر[1] در مقاله‌ای با عنوان «رویکرد کوانتومی در رهبری استراتژیک: بررسی مدلی پویا برای اندازه‌گیری آنتروپی سازمانی و ارزش شرکت» (۲۰۱۰) مدلی را بر اساس مفاهیم کوانتومی ارائه می‌دهد که به گفته‌ی وی می‌تواند ابزاری برای اندازه‌گیری عملکرد و همچنین بهبود و توسعه‌ی استراتژی در سازمانها باشد.

مدل مهارتهای کوانتومی در مدیریت کاروکسب

پاندمی کرونا در کنار چالشهایی که برای کاروکسب‌های مختلف ایجاد کرد، یک آموزه‌ی مهم برای همه‌ی ما داشت و آن اینکه مهارتهای سنتیِ مدیریت، شامل برنامه‌ریزی، سازماندهی، هدایت و رهبری، نظارت و کنترل، و ایجاد هماهنگی بین منابع سازمان، دیگر جوابگوی شرایط پیچیده و پرنوسان کاروکسب‌ها در وضعیت فعلی جهان نیستند. در حقیقت شروع قرن بیست و یکم آغاز دورانی بود که به لحاظ فناوری می‌توان آن را عصر کوانتوم نامید. کامپیوتر، اینترنت و جراحی لیزری تنها کمی از خروجیهای نوآورانه‌ی نظریه‌ی مکانیک کوانتوم در فیزیک هستند. عبارت مکانیک

1. Tim Lowder

کوانتوم اولین بار در دهه‌ی ۱۹۲۰ برای توصیف رویکرد جدید علم فیزیک به کار برده شد. واژه‌ی کوانتوم به‌معنای کمیتی از یک چیز[۱] است و مکانیک به «مطالعه‌ی حرکت» اشاره دارد. از آنجایی که کوانتوم به بررسی ذرات زیراتمی اشاره دارد بنابراین، مکانیک کوانتوم بررسی ذرات زیراتمی در حال حرکت است. معروفترین ذرات زیراتمی الکترونها، پروتونها، و نوترونها هستند. الکترون ذره‌ای بنیادی و غیرقابل تقسیم است و پروتون و نوترون ذرات ترکیبی هستند که از سه کوارک تشکیل شده‌اند. یکی از اصول بسیار مهم مرتبط با مکانیک کوانتومی یا نظریه‌ی کوانتومی، اصل عدم قطعیت است. همان‌طور که قبلاً اشاره شد، طبق این اصل، نمی‌توان دو ویژگی فیزیکی مانند اندازه‌ی حرکت و مکان یک ذره را به‌طور همزمان و با دقت زیاد اندازه‌گیری کرد. به عبارت دیگر، اگر بتوان اندازه‌ی حرکت یک ذره را با دقت بالا اندازه گیری کرد، نمی‌توان با قطعیت درمورد موقعیت مکانی آن ذره اظهارنظر کرد.

نظریه‌ی کوانتومی و اصل عدم قطعیت، کاربردها و دلالتهای مختلفی در علوم گوناگون دارند اما در اینجا قصد دارم از آنها به‌عنوان استعاره‌ای برای رفتار مدیریتی و به‌طور جزئی‌تر برای توسعه‌ی یک پارادایم جدید بهره بگیرم که می‌تواند تأثیر مثبتی بر کارآمدی مدیریت در سازمان داشته باشد. واقعیت این است که فیزیک نیوتونی مدتهاست که بر نحوه‌ی مدیریت سازمانهای مختلف تأثیر گذاشته است. اساس فیزیک نیوتونی بر قطعیت استوار است: قطعیت در زمان، قطعیت در تناسب عمل و عکس‌العمل، قطعیت در نیرو و سرعت و خلاصه قطعیت در همه چیز. این نگاه مکانیکی و کاهنده که بر پایه‌ی قطعیت استوار است به گفته‌ی تعداد بسیاری از متفکران و نظریه‌پردازان سازمانی دیگر نمی‌تواند نسخه‌ای قابل اتکا برای سازمانها باشد. در این شرایط، اصول مکانیک کوانتومی مدیران را به چالش می‌کشند تا دیدگاه خود را نسبت به واقعیت تغییر دهند و بر این حقیقت صحه بگذارند که ملزومات رهبری کارآمد نسبت به گذشته تغییرات اساسی کرده‌اند.

مدل مهارتهای کوانتومی

ما در اینجا از مفاهیم کوانتومی به‌عنوان پایه و اساس برای رهبری سازمان استفاده می‌کنیم تا با ایجاد مدلی جدید و ارتباطی برای مهارتها و همچنین یک پارادایم فکری جدید، کارآیی مدیریت یک سازمان را بالا ببریم. این مهارتها را مهارتهای کوانتومی می‌نامیم؛ زیرا فرض ما بر این است که قلمرو کوانتومی انرژی اهمیت بسیار زیادی دارد و در نتیجه علت به وجود آمدن هر چیزی در کائنات است. به عبارت دیگر، وجوه مادی این کائنات در درجه‌ی دوم اهمیت قرار دارند. مدل مهارتهای کوانتومی شامل هفت بخش است:

۱. دیدن کوانتومی: توانایی هدفمندانه دیدن

---

1. a quantity of something

۲. فکر کردن کوانتومی: توانایی فکر کردن به تناقضات
۳. احساس کردن کوانتومی: توانایی احساس سرزندگی کردن
۴. شناختن کوانتومی: توانایی شناخت شهودی
۵. عمل کردن کوانتومی: توانایی مسئولانه عمل کردن
۶. اعتماد کردن کوانتومی: توانایی اعتماد کردن به فرایند زندگی
۷. بودن کوانتومی: توانایی در ارتباط بودن

از میان هفت مهارت بالا، سه مهارت دیدن، فکر کردن، و احساس کردن به‌طور عمده ماهیتی روانشناختی دارند. این مهارتها براساس سه اصل پذیرفته‌شده‌ی روانشناسی به وجود آمده‌اند. این سه اصل عبارتند از:

۱. برداشت انسانها بشدت شخصی است (دیدن کوانتومی)
۲. تفکر خلاق نیازمند توسعه‌ی نیمکره‌ی راست مغز است (فکر کردن کوانتومی)
۳. احساسات انسانها نتیجه‌ی اتفاقات بیرونی نیستند بلکه، ماحصل گفت‌وگوهای درونی فرد با خودش هستند (احساس کردن کوانتوم).

درک این ساختهای پایه‌ای روانشناختی به رهبران کمک می‌کند که خلاق‌تر باشند، اما در کنار آنها به سه مهارت دیگر نیز نیاز است که آنها را مهارتهای معنوی می‌نامیم. این مهارتهای معنوی بر پایه‌ی سه اصل معنوی استوار هستند:

۱. ما در دنیایی هوشمند زندگی می‌کنیم (دانستن کوانتومی).
۲. همه چیز در کائنات به یکدیگر مرتبط هستند (عمل کوانتومی).
۳. کائنات از آشوب برای ایجاد نظم استفاده می‌کند (اعتماد کوانتومی).

مهارت هفتم یعنی "بودن کوانتومی" ارتباط تنگاتنگی با تمام مهارتهای دیگر کوانتومی دارد. در ادامه، به بررســی هر یک از مهارتهای هفتگانه‌ی مدل مهارتهای کوانتومی برای سازمانها پرداخته می‌شود.

دیدن کوانتومی

اولین مهارت کوانتومی، دیدن کوانتومی، بر این اصل رهبری استوار است که مدیران تصمیمات خود را در یک بستر شخصی اتخاذ می‌کنند. هم نظریه‌ی کوانتوم و هم تحقیقات اخیر در زمینه‌ی ادراک بشــر نشــان می‌دهند که بیش از ۸۰ درصد آنچه در دنیای خارج دیده می‌شــود عملکرد فرضیات و اعتقادات درونی اســت. همان‌طور که دکتر مهدی گلشــنی در مقاله‌ی خود با عنوان "چالشهای فلسفی نظریه‌ی کوانتوم استاندارد" بیان می‌کنند: «تا قبل از ظهور مکانیک کوانتومی، فیزیک وجود جهان خارجی مستقل از ذهن انسانی را مفروض می‌گرفت و وظیفه‌ی خود را توضیح

ماهیت آن می‌دانست». ظهور مکانیک کوانتومی دیدگاه فیزیکدانان نسبت به سرشت واقعیت اشیا را تغییر داد. با وجود این، بسیاری از مدیران هنوز هم بدون توجه به شخصی بودن واقعیت بیرونی و ارتباط جهان خارجی با ذهن انسان، به مدیریت خود و تیم‌شان می‌پردازند. به‌عبارت دیگر، ادراکات و اعتقادات مدیران بر یکدیگر تأثیر می‌گذارند و از هم تأثیر می‌پذیرند. به همین دلیل تعداد زیادی از مدیران در یک پارادایم تکراری برای تصمیم‌گیری گیر می‌افتند و حلقه‌ای محدود از احتمالات را دور خود به وجود می‌آورند. محدودیت این حلقه به‌معنای محدودیت فرصتها نیست بلکه، این واقعیت را نشان می‌دهد که ادراکات و برداشتهای آن مدیر محدود هستند. مهارت دیدن کوانتومی مدیران را قادر می‌سازد تا به‌طور خودآگاه ادراکات خود را با علاقه‌مندیهایشان هم‌راستا سازند. برای مثال مدیری که قادر به دیدن کوانتومی است اگر بخواهد آمار فروش مجموعه‌ی خود را بالا ببرد، نکاتی را رصد می‌کند که قبلا توانایی دیدن آنها را نداشت. به عبارت دیگر، مدیر پیله‌ای را که دور خود تنیده بود، خراب می‌کند و تمام افرادی را که می‌توانند در فرایند بینش و برنامه‌ریزی به او کمک کنند با خود همراه می‌سازد. ورود این افراد باعث خلق فرصتهای جدید می‌شود در حالی که، اگر دیگر مدیر آنها را نبیند همه چیز محدود به تکرار مسیرهای پیموده شده خواهد شد.

فکر کردن کوانتومی

مهارت دوم، فکر کوانتومی، برگرفته از تحقیقات فیزیک کوانتومی است که عنوان می‌کند کائنات به‌صورت غیرمنطقی و پارادوکس گونه عمل می‌کند. مشخص‌ترین پارادوکس کوانتومی آن است که دنیای مرئی و سه بعدی از انرژی نامرئی تشکیل شده است. علاوه بر این، این انرژی اغلب جهشهای کوانتومی ناگهانی و کاملاً غیرقابل پیش‌بینی دارد و موانع را به شکلهایی پشت سر می‌گذارد که نه تنها غیرمنطقی هستند بلکه، در سطح ماکرویی واقعیت، غیرممکن به نظر می‌رسند. برای مثال، الکترونهای میکروسکوپی می‌توانند برخلاف اشیای ماکروسکوپی از موانع انرژی عبور کنند. این اتفاق یک پارادوکس بزرگ است؛ زیرا الکترون در مسیر حرکت به سمت مانع، انرژی حرکتی منفی دارد. این فرایند که تونل‌زنی کوانتومی[1] نام دارد کاملاً غیرمنطقی است، اما پایه و اساس اثر جوزفسون[2] را تشکیل می‌دهد که این اثر در فرایند ابررسانایی نقشی کلیدی دارد. بنابراین فرایندهایی غیرمنطقی می‌توانند کاربردهای بشدت عملی و واقعی داشته باشند.

تونل‌زنی کوانتومی: به فرایند کوانتومی تونل زدن یک ذره‌ی بنیادی در یک سد پتانسیل اشاره دارد. تونل‌زنی کوانتومی نشانه‌ی ویژگی دوگانگی موج – ذره است.

---

1. Quantum Tunneling
2. Josephson Effect

اثر جوزفسون: نوعی جریان دائمی که تا ابد و بدون هیچ‌گونه ولتاژ اعمال شده‌ای ادامه می‌یابد. اثر جوزفسون نمونه‌ای از پدیده‌های کوانتومی ماکروسکوپی است. نام این اثر از نام فیزیکدان انگلیسی برایان دیوید جوزفسون گرفته شده است.

بسیاری از مدیران هنوز هم بر مهارتهای فکرکردن منطقی، خطی و سیاه و سفید تکیه دارند. مک نیل و فرایبرگر[1] (۱۹۹۴) عنوان می‌کنند که اصرار به تفکر دوگانه‌ی رشد در ساختار مغز انسان دارد؛ ساختاری که در طول قرنها به‌صورت لایه‌لایه درآمده و از نظر مغز خزنده به لایه‌ی کناره‌ای[2] و سپس لایه‌ی نوقِشر یا نئوکورتکس[3] تکامل یافته است.

لایه‌ی کناره‌ای (لیمبیک): سامانه‌ی عصبی احساسی، مجموعه‌ای پیچیده از سازه‌های عصبی است که زیر مخ و در دو طرف تالاموس یافت می‌شود. این لایه عامل زندگی عاطفی انسان و فعالیتهایی از جمله یادگیری و شکل گرفتن خاطره‌ها است.

نئوکورتکس: یا نوقِشر، بخشی از مغز پستانداران است. این بخش، لایه‌ی بیرونی دو نیمکره‌ی مغزی است و خود از شش لایه تشکیل شده است.

لایه‌های پایینی در حقیقت قادر به مفهوم‌سازی چندین گزینه به‌صورت همزمان نیستند. سیستمهای آموزشی خطی و فرایندهای تصمیم‌گیری دو محوری این گرایش ما را تقویت می‌کنند. به همین دلیل است که بیشتر بزرگسالان کمتر از ۱۰ درصد خلاقیت یک کودک را از خود نشان می‌دهند. اگر قرار است مدیران ساختارشکنانه فکر کنند باید بدانند که روشهای منطقی و دومحوری اصلاً جوابگوی نیاز آنها نیستند. برای اینکه یک رهبر بتواند پارادوکس‌گونه فکر کند باید قابلیتهای نیمکره‌ی سمت راست خود را فعال کند؛ زیرا این نیمکره از طریق تصاویر و نه کلمات فکر می‌کند و به همین دلیل با زبان گفتاری و منطق محدود نشده است. هر بار که یک مدیر سعی کند به‌جای فکر کردن از طریق کلمات، تصویرسازی و تجسم کردن روی بیاورد خود را از روند خطی زمان منفک کرده است. مهارت فکر کردن کوانتومی جریان سیالی از ایده‌های نوآورانه و غیرمنطقی را ایجاد می‌کند که به مدیر کمک می‌کند فراتر از روند فکرکردن دومحوری گام بردارد. وقت آن است که رهبران کارو کسب بپذیرند که برای اداره‌ی بهتر سازمان باید باشعور بی‌منطق باشند.

1. Mcneill and Freiberger
2. Limbic
3. neocortex

منظور از منطق فعالیتهای مشخص گام به گام است که در دفعات بعدی نیز تکرار شود. تجربه نشان داده است که در دنیایی که تغییر مکرر خاصیت آن است و شرایط بازار و مشتری چون موج و ذره در حال تغییر است، نیاز داریم باشعور بی‌منطق باشیم و با نگرش اقتضایی و تفکر استراتژیک، استراتژیهایی با هدف بهره‌گیری از فرصتهای حامل انرژی را از محیط دریافت کنیم. تصریح می‌کنم منظور از بی‌منطقی کنار گذاشتن منطق نیست بلکه، اسیر نشدن در یک منطق همیشگی و یافتن منطق خاص در زمان و موقعیتهای خاص است.

احساس کردن کوانتومی

این مهارت بر این اصل استوار است که انرژی تشکیل‌دهنده‌ی انسان و سایر اجزای کائنات یکسان است. تحقیقات اخیر نشان می‌دهد که قلب انسان قدرتمندترین سیگنال الکترومغناطیسی را تولید می‌کند که قدرت این سیگنال به‌طور عمده عملکرد افکار و احساسات است. احساسات منفی (ترس، عصبانیت، اضطراب و کشمکشهای ذهنی) انسجام امواج الکترومغناطیسی قلب را از بین می‌برند و باعث می‌شوند بدن انرژی خود را از دست بدهد. عواطف مثبت (عشق، همدلی، تحسین و مهربانی) انسجام این امواج را بالا می‌برند و در نتیجه، باعث افزایش انرژی می‌شوند.

تحقیقات چایلدر (۱۹۹۶) نشان می‌دهد که مدیران امروز می‌توانند تنها با انتخاب اینکه روی جنبه‌های مثبت خود تمرکز کنند، سطوح بالاتری و نشاط را در سازمان خود حفظ کنند. تمرکز بر جنبه‌های مثبت باعث می‌شود که امواج الکترومغناطیس قلب منسجم شوند و امواج مغز نیز از آنها پیروی کنند. در چنین شرایطی که کل بدن در وضعیتی منسجم قرار می‌گیرد، فرد فرصتهایی را تشخیص می‌دهد که با تمرکز بر جنبه‌های منفی به هیچ وجه قادر به دیدن آنها نبود. به همین جهت از چند سال قبل به استعاره‌ی شادی بهره‌ور رسیدم که در کتاب جداگانه‌ای با همین نام (شادی بهره‌ور) چگونگی دستیابی به آن را به منظور مدیریت بهتر انرژی تشریح کرده‌ام (زیر چاپ).

دانستن کوانتومی این مهارت برگرفته از نظریه‌ی میدانهای کوانتومی است. انیشتین معتقد بود که میدانها، تنها واقعیت موجود هستند. کائنات از میدانهای انرژی پر نشده است بلکه، کائنات از یک میدان کوانتومی که زیربنای آن را تشکیل داده، به‌وجود آمده است. این اعتقاد وجود دارد که میدان کوانتومی شامل چگالی‌های بوز-انیشتین[1] می‌شود که منظم‌ترین و یکپارچه‌ترین ساختار کائنات است که تاکنون شناخته شده است. تعداد زیادی از فیزیکدانان امروزه معتقد هستند که چگالی‌های بوز-انیشتین در مغز می‌تواند ساختارهای عصبی را به وجود آورند که پیش‌نیاز آگاهی انسان هستند.

---

1. Bose-Einstein

چگالی‌های بوز – انیشتین: این چگالش، پنجمین و جدیدترین حالت ماده است. در این حالت، گاز رقیق بوزون را تا دمای بسیار پایین سرد می‌کنند. بوزون‌های سرد بر اثر این فرایند درهم فرو می‌روند و فضای کمتری را اشغال می‌کنند.

کائنات از اساس مجموعه‌ای از سیگنالها یا میدانی از اطلاعات است. کائنات بیشتر شبیه یک فکر بزرگ است یا استعاره‌ی ماشین بزرگ که در پارادایم فیزیک نیوتنی از آن استفاده می‌شود. دانستن کوانتومی توانایی اتصال به این اطلاعات در یک میدان کوانتومی است. در این شرایط ابررسانایی، فرد ظرفیتی از خردمندی را به دست می‌آورد که فراتر از تمام محدودیتها است. او با میدان کوانتومی یکی می‌شود. تحقیقات حاکی از این نکته‌ی مهم هستند که تعداد کمی از مدیران به قوه‌ی شهود خود اطمینان می‌کنند و از آن در فعالیتها و برنامه‌ریزیهای مربوطه به سازمان خود استفاده می‌کنند. دانستن کوانتومی بر این نکته تأکید دارد که مدیر باید قادر باشد از دو نیمکره‌ی مغز خود استفاده کند و برای دانش شهودی به اندازه‌ی تحلیل منطقی ارزش قائل باشد.

عمل کردن کوانتومی

این مهارت بر اصلی استوار است که علیت غیرمحلی[1] نام دارد. طبق این اصل، در سطح زیراتمی زمانی که دو سیستم به هم مرتبط شوند، همیشه پیوندشان را حفظ خواهند کرد حتی اگر به لحاظ زمانی و مکانی فاصله‌ی زیادی بین آنها به وجود آید. این اصل یکی از مهمترین اصول فیزیک کلاسیک را نقض می‌کند؛ اصلی که عنوان می‌کند هیچ چیز نمی‌تواند سریعتر از سرعت نور سفر کند. این اصل می‌تواند تأثیر زیادی بر تغییر نگاه یک مدیر نسبت به ارتباطش با سایر افراد و محیط داشته باشد. عمل کردن کوانتومی توانایی انجام فعالیت با در نظر گرفتن این نکته است که هر حرکتی در یک سازمان می‌تواند بر کل سازمان، کل جامعه و حتی سیاره تأثیر بگذارد. همه چیز در کائنات به یکدیگر مرتبط هستند پس باید به‌گونه‌ای عمل کرد که حداکثر تأثیر مثبت بر زندگی افراد داشته باشد.

علیت غیرمحلی: طبق این اصل، در سطح زیراتمی زمانی که دو سیستم به هم مرتبط می‌شوند، همیشه پیوند خود را حفظ خواهند کرد حتی اگر از نظر زمانی و مکانی فاصله‌ی زیادی بین آنها به وجود آید.

اعتماد کردن کوانتومی

نظریه‌ی آشوب بیان می‌کند که آشوب بخشی از فرایند تکامل است. آشوب در واقع کاتالیزوری

1. nonlocal causation

است که عدم تعادل لازم برای تکامل سیستم را به وجود می‌آورد. بنابراین، اعتماد کوانتومی به‌معنای پذیرش آشوب و عدم قطعیت برای رشد و تکامل سازمانی است. یک رهبر کوانتومی باید بتواند بر وسوسه‌ی انتظار برای رسیدن به قطعیت غلبه کند. چنین رهبری باید با تعهد و تمرین، مشتاقانه پای در مسیر کشف ناشناخته‌ها بگذارد.

بودن کوانتومی

مهارت آخر به ماهیت ارتباط بین سازمان و محیط اطرافش اشاره دارد. در سطح زیراتمی، ماده تنها از طریق ارتباطات پای به عرصه‌ی وجود می‌گذارد. ویژگیهای ذرات زیراتمی تنها از طریق ارتباطاتشان با ذرات دیگر قابل تعریف و قابل مشاهده است. برخلاف فیزیک کوانتومی، نیوتن ذرات را ماهیتهای مستقلی می‌دانست که دارای مرزبندیهای مشخص بودند. اشیای نیوتنی می‌توانند بر رفتار خارجی یکدیگر اثر بگذارند، اما نمی‌توانند ویژگیهای درونی یکدیگر را تغییر دهند. اما در یک ارتباط کوانتومی، زمانی که دو ذره با یکدیگر ادغام می‌شوند، مرزها و هویتهای خود را با هم به اشتراک می‌گذارند و از این طریق یک سیستم کوانتومی را به وجود می‌آورند که بزرگتر از دو جزء تشکیل‌دهنده‌ی خود است.

بودن کوانتومی به مدیران سازمانها خاطرنشان می‌کند که مرزبندی در هیچ کجای سازمان و همچنین بین سازمان و محیط اطرافش معنای خود را به‌طور کامل از دست داده است. مدیران کوانتومی باید بدانند که اکنون زمان گفت‌وگو است نه مرزبندی. آنها باید باور داشته باشند که ارتباطات بهبود یافته تبدیل به نتایج بهبود یافته خواهند شد.

تحلیل سناریو بر اساس مدل تفکر کوانتومی

در این بخش از کتاب توضیح خواهم داد که چگونه از طریق پیاده کردن ایده‌های کوانتومی می‌توانیم ارزش بیشتری از برنامه‌ریزی سناریومحور استخراج کنیم. مراحل اصلی در فرایند برنامه‌ریزی سناریویی بشرح زیر هستند:

۱- به‌طور شفاف مشخص کنید که می‌خواهید چه بخشی از اتفاقاتی را که قرار است در آینده روی سازمانتان تأثیر بگذارد (مثلا آینده‌ی تکنولوژی، رویکردهای بازار یا توسعه‌های اقتصادی)، ارزیابی کنید. در خصوص چیزهایی که رویشان شک دارید هم شفاف عمل کنید.

۲- گروهی را که می‌خواهید در فرایند توسعه‌ی سناریو دخیل کنید تشکیل دهید.

۳- از یک فرایند خوب برای خلق سناریوهای گوناگون و چالش‌برانگیز استفاده کنید. سناریوها باید براساس عواملی کلیدی باشند که بر اتفاقات آینده‌ِ حوزه‌ی مورد نظر تأثیر می‌گذارند. هر گونه عنصر از پیش تعیین‌شده‌ای را که می‌شناسید، در سناریو بیاورید.

۴- اگر مشتاقید می‌توانید براساس سناریوها تحلیل کمّی انجام دهید تا آثار مالی، اقتصادی و شاخصهای کلیدی عملکرد را بسنجید.
۵- از سناریوها به‌عنوان ابزارهای تفکر استفاده کنید تا برای کنشهای استراتژیک گزینه‌های مختلفی داشته باشید. استراتژیهای موجود را می‌توان در بافت این سناریوها آزمود یا می‌توان از ابزارهای تفکر برای خلق گزینه‌هایی برای کنش استراتژیک استفاده کرد.
۶- آن دسته از گزینه‌های استراتژیکی که در سناریوهای مختلف همبشه جواب داده‌اند را وارد فرایندهای مدیریتی داخلی کنید تا بیشتر ارزیابی و آماده شوند. آن دسته از گزینه‌هایی که تنها در شرایط خاصی مؤثر واقع می‌شدند را هم جدا کنید. باید با توجه به میل سازمانتان به ریسک‌پذیری، تصمیم بگیرید که آیا قصد دارید دنبال این گزینه‌ها بروید یا نه. می‌توان شناساگرهای ابتدایی حوادثی که ممکن است در آینده برای این گزینه‌ها مناسب باشند را شناسایی کرد و این گزینه‌ها را برای روز مبادا نگه داشت. این کار بُعدی کنش‌گرانه به برنامه‌ریزی استراتژیک اضافه می‌کند. شناساگرهای ابتدایی هم می‌توانند بخشی کلیدی در روند یادگیریِ روبه‌جلو باشد.

سناریوهای خوب می‌توانند در مرکز برنامه‌ریزیهای منوط بر یادگیری جای بگیرند؛ چرا که مراحل خلق سناریو و خروجی آنها می‌توانند به ایجاد ایده‌ها و نوآوریهای جدید منجر شوند. فرصتهای یادگیری و تفکر نوآورانه می‌توانند در مراحل زیر خود را در فریند سناریوسازی نمایان کنند.

۱- توفان فکری و تحقیق درمورد نیروها و رویکردهای محیط کاروکسب سازمان را به شکل باز انجام دهید. اطلاعاتی که نسبت به دیدگاههای موجود در سازمان عجیب و متناقض هستند را یادداشت کنید. مشکلات مهمی که مانع تحلیل شفاف می‌شوند را باید وارد فرایند یادگیری کرد.

توفان‌فکری: یک تکنیک خلاقیت فردی یا گروهی برای جمع‌آوری فهرستی از ایده‌ها به‌منظور تصمیم‌گیری است.

۲- وقتی بحثهای مرکزی و پیشرفت منطقی مجموعه‌ای از سناریوها به دست آمد، یک نمودار توصیفی از هر یک رسم کنید. در گذر زمان نمودارها را بررسی کنید و ببینید چقدر با رویدادهای واقعی تفاوت داشتند. رویکردها یا رخدادهایی که در سناریوها وجود نداشتند را یادداشت کنید و مورد بحث قرار دهید. سپس ارزیابی کنید که چه تأثیری بر استراتژیهای

کلیدی‌تان می‌گذارند.

۳- بر روی حداقل دو شناساگر ابتدایی که مرتبط به گزینه‌های استراتژیک مشروط می‌شدند، موافقت کنید. این شناساگرهای ابتدایی شامل رویدادها یا رویکردهایی متغیری هستند که می‌توانند تأثیری مثبت، منفی و یا حتی غیرمنتظره بر روی گزینه‌های استراتژیک داشته باشند. درسها و بینشهای این فرایند می‌توانند بویژه در مشاهده‌ی ریسکها و فرصتها مفید باشند.

سناریو همانند داستانی است که پیرنگ دارد (هر چقدر پیرنگ داستان در توضیح پیشرفت منطقی سناریو بهتر باشد، نتیجه نیز بهتر خواهد بود). خطوط پیرنگ اغلب شامل کهن‌الگوها می‌شود (یک سفر، برنده‌ها و بازنده‌ها، انقلاب و ...). خطوط پیرنگ حائز اهمیت هستند؛ چرا که با بهره بردن از ایده‌هایی که از قبل در ذهن آدمها هستند، داستان سناریوها را قابل فهم می‌سازند.

پیرنگ: به ساختار، چارچوب و تسلسل منطقی حوادث در یک اثر ادبی یا هنری مانند رمان، نمایشنامه، فیلم یا شعر اطلاق می‌شود.

نکته‌ی مهم این است معمولاً به‌خاطر عدم خلاقیت در ایجاد خطوط پیرنگ، عملکردهای محافظه‌کارانه‌ای ارائه می‌شود. در برخی موارد خطوط پیرنگ تفکر و توانایی برنامه‌ریزها برای خلاقیت را محدود می‌کند؛ زیرا در چنین پیرنگ‌هایی انعطاف‌پذیری کافی برای تصور رویدادهای آینده وجود ندارد.

چارچوبها و استعاره‌های محدود می‌توانند منجر به تفکر محدود و دیدگاههای متناقض با واقعیت منجر شوند. چارچوبهای بسط داده شده و استعاره‌های جدید می‌توانند راههای جدیدی برای مشاهده و ارزیابی واقعیت ارائه دهند و تعصب پنهان در چارچوبها و استعاره‌های قدیمی را کاهش دهند. هفت ایده‌ی کوانتومی‌ای که قبلاً به آنها اشاره کرده‌ام می‌توانند خطوط پیرنگی جدید ارائه داده و بدین ترتیب نقطه‌نظرات جدیدی برای تفکر، یادگیری، و برنامه‌ریزی به ما بدهند.

تفکر کوانتومی و ساختار کاروکسب

یکی از مراحل کلیدی در خلق گزینه‌های استراتژیک برای یک شرکت پس از ایجاد سناریوهای مناسب، لرزاندن ساختار کاروکسب شرکت یا سازمان از طریق این سناریوها است. این فرایند لرزاندن ساختار از طریق سناریوها به برنامه‌ریزها کمک می‌کند که متوجه شوند در چه حوزه‌هایی فشار یا نبودِ توانایی وجود دارد، و یا برعکس در چه مناطقی با توجه به قدرت یا ضعف ساختار سازمان امکان پیشرفت فراهم است. من باور دارم که به‌خاطر تواناییهای ارتباطاتی تکنولوژی در

دنیای امروز (اینترنت) وارد دوره‌ای می‌شـویم که می‌توانیم سازمانهایی با ساختارکوانتومی ایجاد کنیم. به نظر من شبکه‌هایی مانند ویکی‌پدیا و یوتیوب پیشگامهایی برای موج بعدی انفجار خلاقیت هستند که بر آرایش کاروکسب در جهان تأثیری شبیه سیستم بزرگراههای بین ستانی خواهند داشـتند. ما با ارتباطات، کامپیوترها و سیستمهای شبکه در حال ساخت زیربنایی جدید هستیم، و یکی از مزایای این زیربنا سـازمانهایی خواهند بود که می‌توانند از اصول کوانتومی این سـاختار بهره‌مند شوند. قابلیت کلیدی‌ای که در این ساختار به کار سازمانها خواهد آمد، مسأله‌ی پیوند بین اجزای گوناگون سـاختار است (بخصوص تمامی افراد و احتمالاً در نهایت تمامی ماشینها). پیوند همه با هم یک سیستم انرژی خلق خواهد کرد که در آن ایده‌هایی جاری خواهند بود که به افراد اجازه‌ی پیکربندی دوباره‌ی داراییهای فیزیکی و کاربرد آنها را به‌منظور برطرف کردن بهتر نیازهای ما می‌دهد. اینگونه یک «اقتصاد هماهنگی» از سوی پیوندِ همه‌جانبه و زیربنای ارتباطات به وجود می‌آید. اقتصاد هماهنگی با حذف کردن زمان و منابع تلف شده، هزینه‌ها را کاهش می‌دهد؛ چرا که افراد خواهند توانست به‌خاطر دسترسی‌شان به اطلاعات تصمیمات بهتری بگیرند. سازمانها و کاروکسب‌ها از همین فرایند صاحب ساختارهای سازمانی کوانتومی می‌شوند.

ایده‌های کوانتومی به تشکیل کاروکسب‌های دارای ساختار کوانتومی کمک خوهند کرد. این کاروکسب‌ها هم به نوبه‌ی خود پرشهایی کوانتومی در محصولات و خدمات ارائه خواهند داد.

مثالی از تفکر و استراتژی کوانتومی

یکی از بهترین مثالهایی که در خصوص پیشـرفت تفکر و استراتژی کوانتومی می‌توانم بیاورم مربـوط به مارک زاکربرگ و ایجاد طرح News Feed در فیسـبوک می‌شـود. طرح News Feed سیستمی سـاده بود که به کاربران اجازه می‌داد تا از تغییرات صورت‌گرفته بر روی صفحه‌ی یک کاربر دیگر خبردار شوند. با این سیستم، کاربران دیگر احتیاجی نداشتند که برای تغییرات بزرگ و کوچک ساعتها در صفحه‌ی دوستانشان جستجو کنند. وقتی این سیستم برای اولین بار اجرا شد، کاربران فیسبوک واکنش منفی به آن نشان دادند. زاکربرگ در جواب دو کار کرد. اولین تصمیمش این بود که سیسـتم را کمی تغییر دهد تا کاربران حریم شـخصی بیشتری داشته باشند. تصمیم بعدیـش این بود که تصمیم ابتدایی‌اش را رها نکند. آنچه News Feed را یک سـاختار کوانتومی می‌کند، وجود اطلاعات فراگیر اسـت. فضای News Feed طوری اسـت که گویا در نزدیکی یک شـخص قـرار دارید و حالتش را از روی کارهـای ریزی که انجام می‌دهـد - زبان بدن، حرفهای پراکنده - درمی‌یابید. جنبه‌های کوانتومی این استراتژی کاملاً با نگرش ما به یک شرکت به مثابه یک سیستم انرژی و پیوند همه‌جانبه‌ی موجود در آن همخوانی دارد.

مدیریت کوانتومی نیروها؛ ۹ اصل برای به حداقل رساندن رفتار سمی در سازمانها

قدم اول در به حداقل رساندن آثار منفی رفتارهای مخرب این است که ابتدا وجود این رفتارها را تصدیق کنیم و بپذیریم که حذف این رفتارها نیازمند دور ریختن گذشته‌ی سمی و تعریف دوباره‌ی رفتار مناسب است. یکی از دلایلِ سختی تغییر سازمانی این است که چنین تغییری با خود اعتبار، مقام، پرستیژ و امنیت افراد ساکن در جایگاه قدرت را زیر سؤال می‌برد. اما چاره‌ای نیست. بسیاری از رفتارهای سمی از جانب افراد نادرست قدرتمند نشأت می‌گیرند. برای اینکه بتوان تغییر را عملی کــرد، فرهنگ ســازمانی باید بتواند به‌جای منافع خود صلاح عمـوم را به‌عنوان ارزش اصلی خود بپذیرد. سازمانهایی که غرق در بوروکراسی و فرایندهای دست‌وپاگیر هستند، فرایند تغییر دشواری را تجربه خواهند کرد که نیازمند تلاش فراوان خواهد بود.

اصل ۱: خود را بشناسید

مهمترین قانون برای به حداقل رساندن رفتارهای مخرب برای یک رهبر سازمان این است که بداند به چه اصولی پایبند است و چه رفتارهایی را ناپسند می‌داند. افراد به هر چیزی که تعلق خاطر داشته باشند، برای حفظ آن می‌کوشند. کسی که اعضای خانواده‌اش را دوست داشته باشد، از آنها حمایت می‌کند. کسی که محیط‌زیست را دوست داشته باشد، از آن مراقبت می‌کند. و کسی که سازمانش را دوست داشته باشد برای حفظ آن نهایت تلاش خود را می‌کند.

شــناخت خود فراتر از شناخت الگوهای تصمیم‌گیری‌تان اسـت بلکه شامل شناخت ارزشها، نگاهتان به زندگی، و اهمیتی که برای درستی و اخلاق کاری قائلید می‌شود. رهبری که اعتقاد دارد کارمندان درستکار، سختکوش و خوشبین به آینده هستند، تفاوت بسیاری با رهبری دارد که معتقد اسـت کارمندان فقط کاری را انجام خواهند داد که مجبور به انجام آن هستند، راستگو نیستند و عموماً دیدگاهی منفی نسبت به آینده دارند.

رهبران باید به‌دقت گوش بدهند که دیگران درمورد آنها چه می‌گویند و ســبک ارتباطاتشــان را به‌دقت مورد بررسـی قرار دهند. حرفهایی که دیگران درموردشان می‌گویند به احتمال چندان باب میل نخواهد بود، اما نباید از آنها غافل بود. آنها در مقام رهبر وظیفه دارند که پاسخگو باشند و تغییرات لازم برای بهبود شهرتشان را انجام دهند. جالب است که رهبران معمولاً تا اندازه‌ای به نظرات منفی گوش می‌دهند و تغییرات جزئی را اعمال می‌کنند. اما این کافی نیســت. هدف این است که از آستانه‌ی سرنوشت‌ساز تغییر عبور، به دیگران اعتماد کنند و رفتارهای استبدادی را ترک کنند. عبور از این آستانه به تمام افراد سازمان کمک خواهد کرد. برعکس گذر نکردن از این آستانه تنها سبب ادامه‌ی آسیب می‌شود.

رهبران باید به خود نگاهی انداخته، با احساساتِ خود روبه‌رو شده، و درد و رنج کارکنانشان را

تصدیق کنند. سپس باید ارزیابی کنند که شخص خودشان در مقام مدیریت، تا چه اندازه در این درد و رنج کارکنان مقصر بوده است. ارزیابی شخصی اغلب به رهبران اجازه می‌دهد که متوجه تفاوت دیدگاه‌ها نسبت به خودشان شوند. نگاهی که همکاران به شخص دارند با نگاهی که دوستان و اعضای خانواده دارند بسیار متفاوت است. سر کار، اگرچه افراد ظاهراً همان شخص داخل خانه هستند، اما در نگاه دیگران تصویری دیگر دارند. مثلاً ممکن است یک شخص در خانه فرد بامهارتی به نظر برسد ولی سر کار نه. مایکل سولومون، نویسنده‌ی کتاب رفتار مصرف‌کننده، می‌گوید: "در دنیای پست مدرن دیگر یک انسان، یک انسان نیست بلکه، صد انسان است".

اصل ۲: عمل‌گرا باشید

اصل دوم در تقلیل رفتارهای سمی، عمل‌گرا بودن یا کنش بر اساس ارزشهای اعلام شده است. اعتماد دوطرفه تنها وقتی به وجود می‌آید که کارهای افراد با حرفهایشان مطابقت داشته باشد. اعتمادی که با عملگرا بودنِ رهبران به وجود می‌آید، کارمندان را به رفتارهای نوآورانه ترغیب، راستی و درستی آنها را تقویت، و اعتمادبه‌نفسشان را تقویت می‌کند و استحکام می‌بخشد.

ایجاد تیمی که بتواند در نقش وجدان سازمان ایفای نقش کند، می‌تواند به تمامی کارمندان در ارزیابی میزان عملگرا بودنشان کمک کند. چنین تیمی دائماً تصمیمهای مدیریتی را نقد می‌کند تا خاطرنشان سازد که تصمیماتِ گرفته شده با ارزشهای سازمان همخوانی داشته باشند. همچنین این کمیته می‌تواند به رفع اختلافات بین ارزشهای اعلام شده و فشارهای اجتناب‌ناپذیر مالی یا کاروکسبی بپردازد.

از آنجایی که پیمان سنتی بین کارکنان و کارفرمایان – امنیت شغلی بلندمدت در ازای وفاداری - در حال ناپدید شدن است، پیمان جدیدی باید اجرا شود تا اطمینان حاصل کند که کارکنان قربانی نشوند و یا در نهایت در یک محیط غیر قابل اعتماد مشغول کار نباشند. به عبارت دیگر، رابطه‌ی کارفرما-کارمند باید دوباره از نو تعریف شود. اگرچه درست است که در بازار کار فعلی هرگونه قولِ اشتغال بلندمدت و مزایای مرتبط با آن بی‌اساس و نادرست هستند، اما کارفرمایان و کارکنان باید به هر حال به‌طور شفاف و صادقانه درمورد ذات کار و تغییراتی که می‌توانند بر کار اثر بگذارند صحبت کنند.

اصل ۳: گوش شنوا داشته باشید

گوش دادن، گوش دادن فعالانه، چیزی بیش از شنیدن حس فقدان، عصبانیت یا عذاب وجدان کارمند است. گوش شنوا داشتن یعنی این احساسات را جدی بگیرید و مانند چیزهایی جزئی با آن برخورد نکنید. رهبری که در گوش دادن خبره باشد باور دارد که هر کارمند منبعی از اطلاعات

خاص است که برای موفقیت سازمان ضروری است.

رهبری مشـــترک یکی از انواع مدلهای رهبری اســت که بسیار مناســب گوش دادن فعالانه و گفت‌وگوی سالم است. مدل سازمانی افقی نیز برای گوش دادن فعالانه مناسب است، مدلی که در آن تیمها در فرایندهای مرکزی چندمنظوره‌ی تمام‌سازمانی، شرکت دارند.

گوش دادن یکی از بخشـــهای ضروری حل مشـــکل و تصمیم‌گیری اســت. رهبرانِ سازمانهای کوانتومی از مهارتهای گوش دادن فعالانه اســتفاده می‌کنند تا به شــناخت کاملی از موقعیتهای مشکل‌آفرین برسند. آنها باید به‌منظور درک عمیق، مشکلات گوناگون را کاوش کرده و داده‌های فراوانی جمع‌آوری کنند که هر دوی این وظایف با گوش دادن فعالانه آغاز می‌شوند.

اصل ۴: برای حقیقت کل ارزش قائل باشید

اغلب موارد قدرتی که از فهم دو طرف اجرا به دست می‌آید مورد توجه قرار نمی‌گیرد. برعکس، افراد معمولاً در تلاش هستند که دیگران را برای باور کردن نقطه نظر خود یا یک نقطه نظر خاص دیگری تشویق کنند. در سازمانهای کوانتومی، فهم نقطه نظرات گوناگون و به تعادل رساندن نظرات متفاوت از ارکان اصلی رســیدن به بهترین تصمیم ممکن اســت. چالشی که پیشِ روی یک رهبر کوانتوم است این است که تضاد بین نظم و خلاقیت را بپذیرد و از طرز تفکرِ «یا این یا آن» بپرهیزد. نقطه نظرات گوناگون برای فهم کل حقیقت ضروری است. اغلب موارد، کل حقیقت ملغمه‌ای است از دیدگاههای متناقض و اگر قرار باشد که به کل حقیقت رسید باید این تناقضات را پذیرفت.

شاید یکی از چالش‌برانگیزترین کارهای ممکن برای رسیدن به حقیقت، مدیریت خطاها باشد. خطاها همیشه بخشی از واقعیت کلی یک وضعیت هستند اما معمولاً در هنگام روایت آن وضعیت کنار گذاشته می‌شــوند، گویی هیچ‌گاه هیچ خطایی رخ نداده است. یافتن خطاها و درس گرفتن از آنها می‌تواند کاری دشــوار باشــد. درد احساسی‌ای که بر اثر مرتکب شدن خطا به وجود می‌آید می‌تواند واگیردار باشد و منجر به رفتارهای ازپیش‌بازنده شود. در اینگونه موارد، کارمندان به توانایی خود شــک می‌کنند و در نتیجه اشتباهاتی جدیدی از آنها سر می‌زند. اغلب اوقات این اشتباهات نتیجه‌ی حل نشدن درد احساسی است. بنابراین، مدیریت صادقانه و شفاف کل وضعیت – موفقیت و خطا – تأثیری مثبت خواهد داشت که احتمال تکرار خطاها را پایین می‌آورد.

اصل ۵: کارمندان را توانمند سازید

رهبران ســازمانهای کوانتومی کارمندانشــان را توانمند ساخته و اطمینان حاصل می‌کنند که آنها آزادی کافی برای دادن پیشــنهادات، رشد کردن و بالغ شدن، و عواطف مثبت نسبت به خود و دیگران را داشــته باشند. دموکراسی اجتماعی شرکتی آنها با نخبه‌سالاری شرکتیِ کانون قدرت

تفاوت دارد. عوض آنکه مدیران و مسئولین اجرایی مهم به‌جای همه فکر کنند، تمامی کارمندان حق فکر کردن و ابراز آن را دارند. عوض آنکه از بالا به کارمندان وظایفی محول شود، تمامی کارمندان در خلق بینش، مأموریت و ارزشهای سازمان سهمی شایسته دارند.

رهبران به‌منظور خلق چنین محیطی باید سه مهارت کلیدی داشته باشند: قدرت فهم، پرس‌وجو، و دوراندیشی. قدرت فهم شامل تمایز قائل شدن، هوشمندی رقابتی نسبت به رقبا و محیط، آگاهی از تغییرات و توسعه‌ی پایه‌های دانش مربوطه است. پرس‌وجو شامل پرسیدن سؤالهای صحیح می‌شود. رهبران خبره از دانش، تجربه و بصیرت خود بهره می‌برند تا بحرانها، ریسکها و نقطه ضعفهایی که احتمال دارد در آینده بر سازمان یا کارمندانش تأثیر بگذارد را پیش‌بینی کنند. دیگر بخش مهم رهبری در این موارد دوراندیشی است که پس از تجربه‌ی زیاد در سروکله زدن با مشکلات معمول و رویدادهای غیرمترقبه به دست می‌آید. دوراندیشی عملاً یعنی توانایی پیش‌بینی نتایج احتمالی و گرفتن تصمیمات متناسب با آن.

توانمندسازی کارمندان فرایندی زمان‌بر است. هدف از این فرایند، انتقال دانش رهبری نه فقط به رهبران بلکه، به تمامی کارکنان است. رهبران متخصص در این سفر ابزارهایی را برای کارکنان خود مهیا می‌سازند تا کار خود را بخوبی انجام بدهند و به آنها حس موفق بودن را القا می‌کنند. آنها سعی می‌کنند که فرهنگی بر پا کنند که بر پایه‌ی این عقیده است که کارکنانی که احساس موفقیت می‌کنند در پایان روز شغلشان را به‌راستی، هم از نظر روانی و هم فیزیکی، ترک می‌کنند و بنابراین، بهتر می‌توانند زمان باقیمانده‌ی خود را مدیریت کنند و به تعادلی سالم بین کار و زندگی شخصی برسند.

اصل ۶: روابط خود را بر پایه‌ی احترام بنا کنید

تک تک تعاملات بین کارکنان باید جوری باشد که منجر به پیامدی سالم شود. هرگونه رابطه‌ای که در آن رفتار نامحترمانه، زبان توهین‌آمیز یا آسیب احساسی وجود داشته باشد، جایی در سازمان ندارد. احترام برای تمامی کارکنان جزو انتظارات اصلی سازمان است و در این مورد خاص جای هیچ بحث و جدلی نیست. هیچ‌کس حق ندارد که نسبت به شخص دیگری بی‌ادبی کند یا او را آزار دهد. اصل بنیادین تمامی روابط انسانی این است که هر شخص حق دارد که طوری با او رفتار شود که نشان‌دهنده‌ی ارزش انسانی باشد.

در پی قوانینی آورده می‌شود که رهبران باید در ذهن بپرورند تا بتوانند روابط سالمی با کارکنان خود داشته باشند. این قوانین عبارتند از:

- رفتار بنحوی که شأن و منزلت هر شخص حفظ شود.
- تشویق کارکنان به صحبت با یکدیگر به‌منظور شناخت نظرات یکدیگر پیش از جمع‌بندی

- تشویق بهبود شخصی
- بازخورد دادن به کارکنان درمورد عملکردهایشان
- پذیرا بودن نسبت به ایده‌های جدید
- تشویق کارکنان برای انجام دادن حداکثر تلاش
- تخصیص پاداش منصفانه برای کارکنان به ازای کاری که می‌کنند

در کتاب نورولیدرشـیپ اثر ارژنـگ قدیری و همکاران، نیز توصیه‌هایی برای داشــتن محیط دوستدار مغز با هفت ویژگی مطرح می‌شود که عبارت است از:

۱-توانایی‌های بالقوه‌ی تک تک کارکنان خود را پرورش دهید و تقویت کنید.

۲-کارکنان را تشــویق کنید که چالش‌های جدید را بپذیرند و از این طریق زمینه‌ی رشد خود را فراهم کنند.

۳-به‌طور مرتب و پیوسته به کارکنان خود بازخورد دهید.

۴-به کارکنان آزادی عمل بدهید.

۵-رهبری عاطفی را در دستور کار خود قرار دهید.

۶-اهمیت ارتباط منظم با کارکنان را فراموش نکنید.

۷-در رفتارها و ارتباطات خود شفاف باشید.

این اقدامات، شــور و شــوق ســازمان را برای افزایش بهره‌وری و دریافت انرژی محیطی بیشتر می‌کند و شادی بهره‌ور را سبب می‌شود.

اصل ۷: اقدام در نقش عامل تغییر

رهبران کوانتومی کارکنان را تشویق می‌کنند که به خود متکی باشند و سکان مسیر شغلی خود را خودشان در دست بگیرند. آنها به کارکنان در غلبه بر آثار منفیِ درجا زدن کاری، مانند نارضایتی و ناکارآمدی، کمک می‌کنند. آنها همچنین:

- کارکنان را تشــویق می‌کنند که نگرانی‌هایشــان را ابراز کنند و با کمک همدیگر برای یافتن ریشه‌ی ناراحتی و حل کردن آن تلاش می‌کنند.
- هنگامی که کارکنان نظرات یا احساسات منفی بروز می‌دهند، تهدیدشان نمی‌کنند.
- تفاوت بین پیشرفت شغلی ایده‌آل و واقعیت را می‌دانند.
- می‌داننـد که وفـاداری کارکنان مزایا و معایب خاص خودش را دارد. (وفاداری ممکن است به‌شکل رفتار واکنشی دربیاید و منجر به تحلیل رفتن، ملالت و افسردگی شود).

رهبران کوانتومی متوجهند که کارمندانِ درجازده‌ای که سعی دارند با مشکلات کاری خود از راه وفاداری یا برعهده گرفتن نقش یک صدای ره‌گشا در سازمان، کنار بیایند، برای نیروی کار یک

مزیت به شمار می‌آیند و هزینه‌ی جایگزینی کارمندان را کاهش می‌دهند. اغلب می‌توان جا زدن این افراد را با دادن فرصتهای جدید در قالب پروژه‌های خاص، با صدور اجازه‌ی چرخش شغلی، با تسهیل حرکت پایین‌رو یا عرضی، و یا با آماده کردنشان برای نقشهای چندمنظوره درست کرد.

اما وقتی تمام این کارها به نتیجه نرسید، شاید وقت آن باشد که شخص از کار برکنار شود. کارمندانی که انگیزه‌ی رشد خود را از دست داده باشند با گذر زمان ناکارآمدتر می‌شوند و بر فعالیتهای غیرکاری تمرکز خواهند کرد که به زیان سازمان خواهد بود. بنابراین، باید به آنها در خصوص یافتن فرصتهای کاری دیگری در خارج از سازمان مشاوره داده شود.

اصل ۸: متقاضیان شغلی را بیازمایید

کارکنان جدید به منزله‌ی یک سرمایه‌گذاری جدی از سوی سازمان هستند و باید متقاضیان شغلی به‌دقت بررسی شوند. به‌منظور تسهیل این روند، رهبران باید پیش از مصاحبه، رفتارهای مخرب خاصی که می‌توانند بر عملکرد سازمانی تأثیر سوء داشته باشند را شناسایی کنند و با کمک متخصصین منابع انسانی رویکردهایی جدید برای مصاحبه و انتخاب کارکنان بیابند. امروزه شایسته‌گزینی به‌عنوان رکن اول مدیریت شایستگی در راستای حاکمیت توان مطرح است؛ چون اگر در انتخابها درست عمل نشود، سایر اقدامات بی‌نتیجه و انرژی‌سوز می‌شوند. در اینجا چند توصیه در جذب شایسته‌ی منابع‌انسانی را می‌آورم.

۱-اولین اصل در جذب منابع انسانی شایسته، **صداقت** است. در نتیجه، راستی‌آزمایی در گفته‌های ایشان با طرح سؤالات بیشتر در همان موضوع و بررسی جامع از محیطهای کار قبلی را جدی بگیرید.

۲-**هوش جامع** ایشان را از ابعاد مختلف و با بهره‌گیری از تخصص مؤسسات روانشناسی و استعدادشناسی مورد سنجش قرار دهید. هوش جامع شامل هوش عقلی، هوش عاطفی ، هوش فیزیکی (جسمی)، هوش تدبیری، هوش فرهنگی، هوش معنوی و هوش مالی خواهد بود. البته در منابع مختلف ابعاد دیگری از هوش را آورده‌اند که به نظر من در همین موارد می‌گنجد.

۳- **انرژی جسمی:** عامل سومی که در هوش جامع تأکید می‌کنم، ارزیابی توان فیزیکی و انرژی فرد متناسب با شغل مربوطه است. بدیهی است بعضی از شغلها نیاز به توان تحمل فشارهای جسمی بیشتری را دارند و ضمن اینکه فشارهای روحی تأثیر مستقیم بر روی جسم خواهند گذاشت.

۴-**شور:** شور را مترادف انرژی جسمی نگیرید. بارها شاهد بوده‌ام که افرادی با انرژی جسمی بالا، شور و حال کار کردن نداشته‌اند. شور و انگیزه و اشتیاق فرد برای کارکردن و کار را دوست داشتن بسیار مهم است.

۵-شــعور: پندارنیک، گفتار نیک، و رفتار نیک میزان شعور فرد را می‌رساند که برای سازمان و کارآفرین ارزش قائل باشد. ثروت سازمان را عین ثروت خود نگهداری کند و درک کار داشته باشد.

۶-توان حل مسأله: اینکه فرد چقدر علاقه داشته باشد که مسائل سازمانی پیش رو را حل کند و در این خصوص فعال باشد بسیار مهم است. شعار معروف مهندسان جهان را همواره مدنظر داشته باشیم که یا راهی باید یافت یا راهی باید ساخت.

۷-قدرت و علاقه‌ی کار تیمی: عضو تیم بودن، بموقع پاس دادن برای گل زدن تیم سازمان و در اختیار تیم بودن نیاز به درک کار تیمی و خرد تیمی دارد. نیاز به افزایش سعه صدر و تحمل دیگران دارد، نیاز به درک خانواده‌ی کاری دارد.

۸-جامعیت‌نگری: توان نگرش سیستمی داشتن و کنار هم دیدن موارد همچون یک پازل که با هم یک سیستم را تشکیل می‌دهند، با هم تعامل دارند، حرکت می‌کنند و برای هدف مشترک یک کل را تشکیل می‌دهند که بسیار مهم و ضروری است.

۹-بینش: درخصوص موفقیت در ابعاد هشتگانه‌ی فوق نیاز به بینش متعالی و شایســته دارد. بینش، نظام فکری هر انسان است که با کسب اطلاعات محیطی، بهترین خروجی و تصمیم را می‌گیرد و اجرا می‌کند.

نکته‌ی مهم: بهترین استراتژیها هیچ فایده‌ای نخواهند داشت، مگر اینکه خانواده‌ی کاری کاربلد و کاردرست آن را اجرایی کنند. پس شایسته‌گزینی را خیلی جدی بگیریم.

اصل ۹: انتظار پاسخگویی را داشته باشید

متأسفانه استفاده‌ی بلندمدت از فلسفه‌های غلط باعث شده که بیشتر کارکنان پاسخگوی وظایف و اعمالشان نباشند. بسیاری به‌محض ورود به محل کار، مغز خود را خاموش می‌کنند و انتظار دارند که صرفاً به‌خاطر حضور در محل کار حقوق، مزایا و پاداش بگیرند. چنین انتظاری باعث شده که پاسخگویی معنایی منفی به خود بگیرد و بیشتر کارکنان حس کنند پاسخگویی تنها زمانی اهمیت می‌یابد که قرار باشد کسی مقصر شناخته شود یا اشتباهی صورت گرفته باشد. در حالی که هدف آن است که افراد چطور می‌توانند فراتر از حد انتظار ظاهر شوند.

سیستمهای پاســخگویی، برای عملکرد درست، نیازمند شــرح دقیقی از رفتارهای شخصی و مدیریت جانبی هستند. ارزشهای درست و تغییر و همچنین روابط سالم نیازمند پاسخگویی فردی و سیستمی هستند. در سازمان کوانتومی افراد با پاسخگویی تهدید نمی‌شوند بلکه، برای عملکرد خوب به آن نیاز دارند.

فصل پنجم

کوچینگ و مذاکره‌ی کوانتومی

سؤالات کلیدی:

- *مدلهای فعلی کوچینگ در سازمانها چگونه هستند؟*
- *فیزیک کوانتوم چه آموزه‌های جدیدی برای کوچینگ نیروها دارد؟*
- *چرا مذاکره‌ی کوانتومی هیچ‌گاه شکست نمی‌خورد؟*

قالبهای کوچینگ در سازمانها

پیش از آنکه به بررسی کوچینگ کوانتومی و ویژگیهای منحصربه‌فرد آن بپردازیم، ابتدا مروری کوتاه بر روشها و قالبهای فعلی کوچینگ در سازمانهای مختلف خواهیم داشت.

> **کوچینگ**: یا مربیگری، فرایندی آگاهانه و هدفمند برای توانمند ساختن فرد یا افرادی برای انجام بهتر کارها و استفاده‌ی حداکثری از پتانسیل‌شان است. کوچینگ نوعی شراکت مستمر برای کمک به مراجعه‌کنندگان است که مراجع را به فکر می‌کشاند و خلاقیت درونی او را بیدار می‌کند تا به نتایج رضایت‌بخشی در زندگی شخصی و سازمانی دست یابد. در طول روند کوچینگ، مراجعه‌کنندگان آگاهی بیشتری نسبت به ظرفیتهای خودشان پیدا می‌کنند و کیفیت زندگی خودشان را بهبود می‌دهند.

قالبهای کوچینگ

در بازبینی قالبهای کوچینگِ موجود در سازمانها دو نوع مشخص وجود دارد: رسمی و غیررسمی. در قالب رسمی، کوچ می‌تواند در خارج یا داخل سازمان قرار داشته باشد.

کوچ‌های برون‌سازمانی

کوچ‌های برون‌سازمانی برای مقامهای اجرایی و مدیریت در سطح بالا در نظر گرفته می‌شوند. این موضوع به‌خاطر هزینه‌ی بالای موجود در این سطح است. مزیت استفاده از کوچ‌های برون‌سازمانی در تخصص بالایشان است. آنها در حوزه‌های خاص مهارت و تجربه‌ی بیشتری دارند، محیطی باز را برقرار می‌کنند و تحت تأثیر فرهنگ یا سیاست داخلی سازمان قرار نمی‌گیرند (البته اگر شما در انتخابتان بررسی لازم و دقت کرده باشید، وگرنه کوچ‌نما زیاد هستند).

کوچ‌های برون‌سازمانی معمولاً نسبت به مدیران آموزش کوچینگ گسترده‌تری داشته‌اند و زمان

بیشتری را صرف کوچ کردن افراد کرده‌اند. آموزش و تجربه‌ی آنها عموماً در حوزه‌های تخصصی‌تر است. این به آن معناست که آموزش‌گیرندگان می‌توانند کوچی را پیدا کنند که تطابق کافی با مهارتهای موردنیازشان داشته باشد. همچنین استفاده از یک کوچ برون‌سازمانی به آموزش‌گیرندگان این فرصت را می‌دهد که در بحثها صریح‌تر باشند. سیاسی کاری در این موارد از میان برداشته می‌شود و کوچ‌ها می‌توانند از بازخوردهای بیطرفانه بهره ببرند.

کوچ های درون‌سازمانی

برعکس، کوچ‌های درون‌سازمانی دردسترس‌تر هستند و بودجه‌ی کمتری را به خود اختصاص می‌دهند؛ چرا که هزینه‌های مستقیمی که یک کوچ برون‌سازمانی در بر دارد را ندارند. در مواردی که کوچ درون‌سازمانی مدیر مستقیم آموزش‌گیرندگان است، کوچ از قبل اطلاعاتی درباره‌ی آموزش‌گیرندگان دارد که این باعث شکل‌گیری سریعتر احترام و اعتماد متقابل می‌شود. کوچ درون‌سازمانی همچنین از فرهنگ سازمان آگاه خواهد بود.

کوچ‌های درون‌سازمانی در مواقعی مدیر تیم نیز هستند. در این موقعیتها، کوچ/مدیر تیم نسبت به یک کوچ برون‌سازمانی فرصتهای بیشتری برای تأثیرگذاری از طریق تعاملاتش دارد. در هر دو سناریو، به یاد داشتن این نکته مهم است که وظایف فرمان و کنترل که در نقش سنتی مدیریتی وجود دارند برای نقش کوچینگ نامناسب هستند. وقتی یک مدیر در نقش کوچینگ قرار دارد باید:

- به‌جای کنترل، همکاری کند.
- مسئولیتهای بیشتری را به دیگران واگذار کند.
- کمتر صحبت کند و بیشتر گوش دهد.
- دستورهای کمتری بدهد و سؤالات بیشتری بپرسد.
- به‌جای قضاوت کردن، بازخوردهای دقیقی بدهد.

یکی از بزرگترین مشکلات در استفاده از کوچ‌های درون‌سازمانی تضاد منافع است، مخصوصاً وقتی که مدیران، کوچِ زیردست‌های مستقیم خود شوند. وقتی کوچ با شیوه‌ی دیگری نیز آموزش‌گیرنده را بشناسد، مثلاً از روی همکاری در یک تیم یا در یک دپارتمان، هم این اتفاق می‌افتد. نکته‌ی کلیدی در اینگونه موارد میزان اعتماد آموزش‌گیرندگان نسبت به کوچ و توانایی کوچ در حفظ رازداری، حتی در صورت فشار از سوی بالادستی‌هایش، است.

غیررسمی

یک محیط کوچینگ غیررسمی، محیطی است که تعاملات در آن تصادفی بوده و از روی برنامه نیستند. گفت‌وگو در راهرو، در اتاق استراحت و یا در طول یک مکالمه‌ی تلفنی از این نوع کوچینگ

هستند. اما به‌رغم محیط غیررسمی، سؤالات معمول کوچینگ ردوبدل می‌شود. سؤالاتی از قبیل «دوست داری نتیجه چه باشد؟» یا «چطور قصد داری به آن هدف برسی؟» در این محیطها فرد پرسشگر موقعیت فعلی و موقعیت مطلوب را بررسی می‌کند و می‌تواند به آموزش‌گیرندگان راه‌حل مناسبی ارائه دهد.

اجرای یک برنامه‌ی کوچینگ

اگرچه بسیاری از سازمانهای بزرگی که بودجه‌های کلان دارند، برنامه‌های کوچینگ را به اجرا درآورده‌اند، اما هنوز سازمانهای بسیاری هستند که این کار را انجام نداده‌اند. سؤالی که بلافاصله به ذهن می‌رسد «چرا؟» است. دلایل ابتدایی بیشتر به بودجه مربوطند تا به خود برنامه. یکی از اولین وظایف در هنگام درنظر گرفتن برنامه‌ی کوچینگ برای سازمان این است که ارزش کوچینگ را بخوبی بتوان توضیح داد. اگرچه هستند کسانی که با کوچینگ و مزایای آن آشنایی دارند، در طرف دیگر نیز برخی هستند که از آن بی‌اطلاعند. اینجاست که توضیح در خصوص کوچینگ به نفع سازمان است. به کوچینگ نباید به چشم یک فرایند اصلاح کارکنان یا یک برنامه‌ی بهبود عملکرد نگاه شود. کوچینگ قرار نیست کارکنان را سختکوش‌تر کند یا قرار نیست برای انجام بهتر کارها به آنها آموزش دهد.

قبل از گرفتن رضایت برای چنین برنامه‌ای شاید بد نباشد که ابتدا یک برنامه‌ی آزمایشی اجرا کنید. برای این کار ابتدا باید برنامه‌ریزی صورت بگیرد. ده قدم زیر برای توسعه‌ی فرهنگ کوچینگ مفید هستند:

۱- بینش و هدف
۲- بررسی سلامت سازمان
۳- شناسایی ذی‌نفعان
۴- گرفتن رضایت
۵- نقطه‌ی شروع
۶- موضوع سنجش
۷- مزایای ملموس
۸- اجرای آزمایش
۹- ارزیابی و برنامه‌ریزیِ رو به جلو
۱۰- حفظ حرکت

در هنگام ارائه‌ی این بحث، گروه کوچکی از مدیران را انتخاب و با هرکدامشان صحبت کنید. همزمان طرحی کلی از نحوه‌ی اجرای برنامه و مزایای در نظر گرفته شده‌ی آن فراهم کنید. به آنها

فرصت دهید تا با مفاهیم آشنا شوند. سپس دوباره با آنها دیدار کنید تا فرصت اصلاح داشته باشند. دریافت بازخورد از سوی رهبران از همان ابتدا برای ایجاد برنامه‌ی آزمایشی قویتر کمک می کند. همین ارزش کوچینگ داخلی را نشـــان می‌دهد. فهرست کوچکی از کارکنان یا اعضای تیم تهیه کنید که از برنامه‌ی آزمایشی نفع خواهند برد. فراهم کردن چنین فهرستی راه دیگری برای گرفتن تأیید از سوی رهبران است.

با اســتفاده از یک رویکرد مدیریت پروژه، وقتی که برنامه‌ی آموزشـــی در حال اجرا است، باید بین کوچ‌ها و ذی‌نفع‌ها جلسات دوره‌ای برگزار شود تا میزان پیشرفت را بسنجند و در صورت لزوم برنامه را تصحیح کنند. وقتی که برنامه به پایان رسید، جلسه‌ای تکمیلی برگزار کنید تا پی ببرید چه چیزهایی درست پیش رفت و چه چیزهایی غلط. نتایج اینگونه گفت‌وگوها می‌توانند به‌عنوان شالوده‌ای برای اصلاح دور بعدی کوچینگ باشند.

یکی از کارهایی که در موقع شروع برنامه‌ی کوچینگ باید از آن اجتناب کرد سناریوی «آموزش به آموزش‌دهنده» است. در این جور سناریوها سازمانها با هدف تبدیل آموزش گیرنده‌ها به کوچ‌های داخلی و آموزش افراد سازمان، یک کوچ برون‌سازمانی را استخدام می کنند. داشتن کوچ، کوچ بودن، و یاد دادن مهارتهای کوچینگ سه مبحث بسیار متفاوت با یکدیگر هستند. مورد اول قرار نیست منجر به موارد دوم و سوم شود.

کوچینگ تیم در دوران بی‌ثباتی

مردم در تلاش هســتند که پاندمی کرونا را پشت ســر بگذارند و در این بین طبیعتاً مضطرب و ترســیده‌اند؛ نگرانِ ســلامت خود و دیگران و وضعیت دنیا هستند. برای کسانی که بخت این را داشته‌اند که سالم مانده و کارهای خود را از خانه ادامه دهند، کارشان ممکن است امری آزاردهنده و بیهوده جلوه کند. آنها که از همکاران، مشــتریها، و فضای کار عادی خود دور شــده‌اند خود را با کامپیوتر خود تنها می‌بینند و فقط هر از چند گاهی با کسانی که قبلاً به‌طور روزمره می‌دیدند، در ارتباط هستند. بسیاری حس گم‌گشتگی پیدا می کنند. رهبران سازمانها می‌توانند با کوچینگ افراد در این دوران سخت آنها را یاری کنند که از این دوره گذر کنند.

به این فکر کنید که چطور می‌توانید به افرادی که رهبری می‌کنید، خدمت کنید

برای کسانی که رهبری می کنید وقت بگذارید و از طریق تماس تلفنی یا ویدئویی با آنها ارتباط برقرار کنید. حالشان را بپرسید و ببینید چطور می‌توانید کمکشان کنید. سپس حداکثر تلاش خود را کنید تا نیازشــان را برآورده کنید؛ حتی اگر آن نیاز ربطی به کار نداشته باشد. «رهبران خادم» شغلشان را در این می‌بینند که در حین فرایند کاوش و رشدِ کارمندان، به آنها خدمت‌رسانی کنند

و برایشان حمایت احساسی و ملموس فراهم کنند. تحقیقات نشان داده است که این رهبران موجب مشارکت بیشتری برای کارکنانشان فراهم می‌کنند.

به کارکنان کمک کنید که هدف شخصی خود را بیابند

در این محیط جدید دورکاری، که دیگر شرح وظایف کاری معمول وجود ندارد، بسیاری این سؤالات ساده را از خود می‌پرسند: «حالا شغل من چیست؟ چطور به موفقیت سازمانم کمک کنم؟ قرار است حرفه‌ی شغلی من در نهایت به کجا ختم شود؟» جواب این سؤالات احتمالاً چیزی نباشد که پیش از شروع پاندمی بودند. با کارکنان در مورد این صحبت کنید که هیچ یک از عناصر پایه‌ای کارشان تغییر نکرده است یا قرار نیست تغییر کند. از آنها بخواهید اولویت‌بندی کنند که قرار است به چه کسی خدمت کنند و برای مؤثر بودن چه چیزهایی را از طرف شما نیاز دارند. چنین گفت‌وگویی بهتر می‌تواند ذات و هدف کار را مشخص کند تا اعلامیه‌های رسمی سازمانی و نظایر آن.

آنتونی فریتاس از دانشگاه ایالتی نیویورک و همکارانش در تحقیقی نشان دادند که سؤال و جواب در خصوص وظایف شغلی هر کارمند و سپس چهار بار پرسیدن «چرا مهم است؟» پس از هر پاسخ، چه ارزشی می‌تواند داشته باشد. این تمرین می‌تواند فعالیتهای روزانه‌ی فرد را با هدف بزرگتر سازمان پیوند دهد.

فرض کنید که یکی از مدیران، مسئول تکمیل کردن فرمهای ارزیابی عملکردِ هر نیروی انسانی است. در پاسخ به سؤال «چرا کامل کردن این فرمها مهم است؟» می‌تواند بگوید «می‌خواهم به افراد اطلاع دهم که عملکردشان چگونه است». سپس از او پرسیده می‌شود که «چرا مهم است که افراد بدانند عملکردشان چگونه است؟» جواب او می‌تواند به این صورت باشد که «تا بدانند که چگونه می‌توانند به اهداف شغلی‌شان برسند». سؤال سوم: «چرا مهم است که افراد بدانند چگونه می‌توانند به اهداف شغلی‌شان برسند؟» جواب احتمالی این است: «در این صورت می‌توانند انرژی‌شان را سر کار به‌صورت دیگری متمرکز کنند.» و در چهارمین و آخرین سؤالی که می‌آید: «چرا مهم است که انرژی‌شان را سر کار به‌صورت دیگری متمرکز کنند؟» و جواب احتمالی چنین خواهد بود «تا حس کنند هم خودشان پیشرفت می‌کنند و هم به پیشرفت شرکت کمک می‌کنند».

کارکنان را ترغیب کنید قدر فرصتها را بدانند تا بتوانند کارشان را از نو شکل دهند.

رهبران باید با کارکنان درمورد نقاط قوت‌شان صحبت کنند و به نتیجه برسند که آنها چگونه می‌توانند در روش کاری جدید از این نقاط قوت استفاده کنند. آنها دوست دارند در ماههای پیشِ رو از چه مهارتها و تواناییهایی بیشتر استفاده کنند؟ دوست دارند چه چیزی یاد بگیرند؟

این فرایند شکل‌دهی به کار اجازه می‌دهد که هر شخص مبتنی بر نقاط قوت خود مشغول کار شود. به این ترتیب علایق، نظرها و پیش‌زمینه‌های خاص هر شخص تعیین می‌کند که چه نوع شغلی داشته باشد و چه ارزشی را به سازمان اضافه کند.

مدیران اغلب نگران این هستند که کارکنانشان استقلال بیشتری از خود نشان دهند و از آنچه که مرسوم است دوری کنند. آنها نگرانند که در این صورت وظایف مهم نادیده گرفته می‌شوند یا نیروها تنبلی می‌کنند. اما اکنون که کار کردن در خانه یک ضرورت شده است، خودِ نیروهای انسانی هم در تلاشند که با این میزان بی‌سابقه از استقلال دست و پنجه نرم کنند. از این فرصت استفاده کنید و کارکنانتان را آزاد بگذارید تا به جستجوی علایق و مهارتهایشان بروند. تحقیقات ما نشان داده که وقتی رهبران نیروها را علاقه‌مند می‌کنند که نقطه قوت‌های خاص خود را ابراز کنند، عملکرد کارکنان بهبود می‌یابد.

وقتی کارمندان بتوانند بهترین حالت خود را سر کار بیاورند، بیشتر حس استقلال می‌کنند و کارشان پرمعناتر خواهد بود. حتی اگر محل کارشان اتاق نشیمنِ خانه هم باشد، احتمال بالا رفتن مشارکت وجود دارد. وقتی خودمان انتخاب کنیم که کار چطور صورت بپذیرد، آن وقت کار معنای بیشتری برایمان خواهد داشت.

بحران فعلی می‌تواند افراد را به فکر فرو ببرد که کارشان به چه کسانی نفع می‌رساند و چگونه در حال ایجاد تغییر هستند. با کمک رهبران، می‌توانند در این شرایط بحرانی و حتی بعد از آن معنای بیشتری را به کارشان تزریق کنند.

کوچینگ کوانتومی نیروها در زمانه‌ای پیچیده و پرآشوب

در روزگاری که آشوب به یکی از اجزای اصلی زندگی فردی و حرفه‌ای ما تبدیل شده است، روشهایی که در گذشته برای کوچینگ نیروها مورد استفاده قرار می‌گرفتند دیگر پاسخگوی تغییرات گسترده و لحظه‌ای محیط کاری نیستند. از این رو، رویکرد کوانتومی به کاروکسب در یکی از وجوه مهم خود روشهایی کاملاً جدید را برای کوچینگ نیروها ارائه می‌دهد؛ روشهایی که با در نظر گرفتن شرایط پرآشوب فعلی سعی در بالا بردن بازدهی فرایند کوچینگ دارند.

آثار تغییر اجتماعی

ظهور انقلاب صنعتی تأثیر شگرفی بر ذات کار، افراد مشغول به کار و تأثیرپذیری جامعه از کار داشت. افراد برای پیشرفت و موفقیت صنعت ضروری تلقی می‌شدند. به عبارت دیگر، آنها حکم واحدهای اقتصادیِ درون‌سازمانی را داشتند. یکی از آثار انقلاب صنعتی، تغییر ساختار جامعه به دو وضعیت بود. اول اینکه ذات مشاغل بر اثر انقلاب صنعتی تغییر پیدا کرد، یعنی دیگر افراد کمتری

در بخش کشاورزی مشغول به کار بودند. این تغییر به نوبه‌ی خود بر جوامع و موقعیت مکانی آن جوامع تأثیرگذار بود: انتقال از مناطق روستایی به مناطق شهری. وضعیت دوم این بود که انقلاب صنعتی موجب جدایی بیشتر زندگی کاری و شخصی شد. پس از انقلاب صنعتی، برخلاف گذشته «ســر کار می‌رویم». مکان کاری دیگر روستا یا دامداری نزدیک خانه نیست. در اکثر موارد، مکان کاری به دور از خانه‌ی شخصی واقع است. برخی افراد مشاغلی دارند که آنها را مکرراً به کشورهای دیگر می‌کشاند (مثلاً خلبانهای خطوط هوایی). پیشرفت در مکانیزه شدن و حمل‌ونقل این موضوع را ممکن کرده‌اند.

پیشــرفتهای اخیر در حوزه‌ی تکنولوژی، مخصوصاً تکنولوژی اطلاعات و ارتباطات، نیز بر این تغییرات گسترده در بافت مشاغل افزوده است. بسیاری ادعا می‌کنند که ما اکنون از یک جامعه‌ی صنعتی به یک جامعه‌ی اطلاعاتی گذر کرده‌ایم. تکنولوژی کامپیوتری در حذف برخی مشاغل، و همزمان خلق مشاغل دیگر، تأثیرگذار بوده است. اما آنچه حائز اهمیت است این است که تغییرات تکنولوژیکی بار دیگر ادغام زندگی کاری و شــخصی را ممکن کرده اســت. ارتباطات از راه دور و کلبه‌های الکترونیکی تبدیل به گزینه‌هایی جدی برای افراد شده‌اند. علاوه بر تغییر جامعه‌ی صنعتی به جامعه‌ی اطلاعاتی، افزایش مهاجرت و جهانی شــدن را هم شاهد هستیم. این مسأله منجر به افزایش جوامع کثرت‌گرا و بین‌المللی شده است.

ظهور کوچینگ در جامعه‌ی کنونی در چنین بافتی رخ داده است: پیچیدگی و تغییر دائم برای افراد و خانواده‌ها.

مدل مدیریتی کار-زندگی؛ چارچوب منیجر

مدل مدیریتی کار-زندگی براساس نظریه‌ی استقلال‌طلبی بنا شده است و بر مدیریت زندگی از سوی یک فرد مستقل تأکید دارد. این مدل به‌طور همزمان مشکلات درون‌فردی، محیطی و رشدی را به رسمیت می‌شناسد؛ یعنی تصدیق می‌کند که یک فرد در محیطی زندگی می‌کند که در حال تغییر است و رشد شخص از طریق تعامل با این محیط است. این محیط شامل محیط کار و خانه می‌شود. مدل مدیریتی کار-زندگی که تعمداً بر مبنای واژه‌ی منیجر (MANAGER) ساخته شده است به‌عنوان یک چارچوب سامان‌بخش برای فعالیت کوچینگ شناخته می‌شود. هر یک از هفت بخشی که در این مدل وجود دارند حوزه‌هایی هستند که باید برای کوچینگ در نظر گرفته شوند.

این مدل بنحوی طراحی شده است که از نظر مفهومی منسجم باشد و به استفاده‌کنندگان اجازه می‌دهد که از تکنیکهای علوم رفتاری، که بر پایه‌ی شواهد تجربی هستند، بهره ببرند. این مدل بر خلاف بسیاری از رویکردهای منفرد بر اهمیت محیط تأکید دارد. به عبارت دیگر، این مدل بررسی می‌کند که محیط کار و خانه چگونه به حل نیازِ استقلال، کارآمدی و رابطه‌مندیِ فرد می‌پردازند.

هفت بخش مدل مدیریتی کار-زندگی بشرح زیر هستند:

۱. M = mindfulness (ذهن آگاهی)

۲. A = acceptance (پذیرش)

۳. N = nurturing needs (نیازهای پرورشی)

۴. A = authenticity (اصالت)

۵. G = goals, actions and time management (اهداف، اعمال و مدیریت زمان)

۶. E = environmental opportunities and threats (فرصتها و تهدیدهای محیطی)

۷. R = responsibility (مسئولیت‌پذیری)

M در این واژه به‌معنای هوشیاری است. هوشیاری به این اشاره دارد که افراد چگونه تفکر، احساسات و رفتار خود را در حین رخ دادن می‌آزمایند. این رویکرد که برگرفته از مدیتیشن ویپاسانا[1] یا هوشیاری است اخیراً در کانون توجه تکنیکهای درمان‌شناسی گوناگون قرار گرفته است. هوشیاری از نظر مفهومی با بخش درون‌فردی هوش عاطفی مرتبط است.

هوشیاری به افراد اجازه می‌دهد که از شر افکار و عادتهای ناسالم خلاص شوند و به این ترتیب نوعی رفتار آگاهانه و مستقل را تشویق می‌کند که موجب سلامت فرد می‌شود. اعتقاد تئوری استقلال‌طلبی بر این است که آگاهی هوشیاری می‌تواند نقشی هم در تسهیلِ انتخاب رفتارهایی که با نیازها، ارزشها و علایق شخص همخوانی دارند، داشته باشد.

اولین A در لغت MANAGER، مربوط به توانایی اشخاص در پذیرش خود و موقعیتشان است. در دنیای غرب، تأکید بسیار و همه‌گیری بر تغییر، پیشرفت و این تفکر که اوضاع می‌تواند بهتر باشد، وجود دارد. با اینکه اینگونه افکار و تلاشها بی‌شک می‌توانند مفید واقع شوند، اما شخصی که به‌درستی نمی‌داند در چه جایگاهی قرار دارد ممکن است نتواند موقعیت خود را به‌آسانی تغییر دهد. پذیرش به این معنا نیست که فرد در موقعیت فعلی خود جا بزند. برعکس به این معناست که پیش از تغییر لازم است که ابتدا موقعیت فعلی را به درستی درک کرد.

N به نیازهای پرورشی اشاره دارد. یک موجود زنده برای بقا به مواد مغذی و برای شکوفایی به محیط مناسب نیاز دارد. یک کوچ (مربی) می‌تواند از تکنیکهای بسیاری استفاده کند تا این بخش را هم در فرایند کوچینگ خود قرار دهد. شاید سؤال پیش بیاید که مگر سند و مدرکی هم دال بر این موضوع وجود دارد، که باید گفت مدارک بسیاری در خصوص رابطه‌ی بین ارضای نیاز و سلامت روانی وجود دارد.

دومین A به مبحث اصالت می‌پردازد؛ یعنی اهمیت پایبند ماندن به ارزشهای شخصی. بیشتر اوقات وقتی برای افراد هدفی تعیین می‌شود، تنها جنبه‌ی ماجرا که به آن توجه می‌شود رسیدن به آن هدف

---

۱. ویپاسانا که به معنی دیدن چیزها به‌صورت واقعی آن است، یکی از قدیمیترین تکنیکهای مراقبه است. این تکنیک بیش از ۲۵۰۰ سال پیش از سوی "گوتاما بودا" کشف و به‌عنوان یک درمان جهانی برای دردهای جهانی آموزش داده شد. این تکنیک غیرفرقه‌ای هدفش ریشه کن کردن کامل ناپاکیهای ذهن و رسیدن به بالاترین میزان شادی برآمده از رهایی است.

است. اینکه آن هدف چه معنایی می‌تواند برای افراد داشته باشد اغلب نادیده گرفته می‌شود. خیلی از رویکردهای هدف‌گذاری محبوبی که در محافل کوچینگ حضور دارند از این نوع هستند. تأکید بر اصالت، تمرکز را از «چگونگی» رسیدن به هدف برداشته و روی «چرایی» رسیدن به هدف می‌گذارد.

اگر چه بسیاری از کوچ‌ها احتمالاً به بررسی ارزشهای مرکزی اهداف خواهند پرداخت، اما بسیاری از فرایندهای کوچینگ آن را یک چارچوب سامان‌بخش درنظر نخواهند گرفت. رویکرد کوچینگی که بر اساس MANAGER باشد در سراسر فرایند کوچینگ، ارزشها را در کانون توجه قرار خواهد داد. کارفرما از خود خواهد پرسید که چگونه می‌توانم کارمندانم را اصیل و کارآمدتر کنم؟

G به هدفها می‌پردازد؛ چیزی که رشد و ترقی انسانها را شکل می‌دهد. پیشتر بر اهمیت پذیرش تأکید کردیم، اما پذیرش به‌معنای منفعل بودن نیست. محیط پویاست بنابراین، موجود زنده نیز باید پویا باشد تا بتواند بقا پیدا کند و شکوفا شود. مدیریت زمان بسیار مهم است چرا که آن دسته از فرصتهای محیطی که برای رسیدن به هدف و ارضای نیازها کمک می‌کنند با محدودیت زمانی مواجه هستند. شواهد تجربیِ سه دهه‌ی اخیر نشان می‌دهد که هدفگذاری تعهد و رسیدگی به وظایف را افزایش می‌دهد.

E به فرصتها و تهدیدهای محیطی اشاره دارد. محیط می‌تواند برای ساختار و عملکرد موجود زنده فرصت یا تهدید فراهم کند. در فرایند کوچینگ باید به این دقت شود که یک چالش یا تهدید خارجی نیازمند چه پاسخی از سوی شخص می‌شود. این پاسخ در عمل موقعیت شخص (موجود زنده) را تغییر می‌دهد و او را تبدیل به یک موجود زنده‌ی پیچیده می‌کند. در تحلیلهای کنونی، سازمان در محیط خود بررسی می‌شود. متعاقباً، فرد و نیازهایش نیز درون محیط هستند. فرد به‌جای آنکه یک فرایند طراحی خطی، منطقی و مکانیکی را دنبال کند، دائماً محیطش را بازبینی می‌کند تا فرصتها و تهدیدها را بیابد. کوچی که قرار است از MANAGER استفاده کند باید به افراد کمک کند که این مهارتهای بازبینی خود را بالا ببرند.

R به مسئولیت برمی‌گردد. R به این اشاره دارد که افراد چگونه مسئولیت خود و دیگران را برعهده می‌گیرند. نقشی که مسئولیت‌پذیری در موفقیت دارد قابل کتمان نیست، اما دشواری در نحوه‌ی وارد کردن این اصل به محیط کار است. برای کسانی که می‌خواهند کوچینگ کوانتومی انجام دهند، تکنیک ساده‌ای برای این کار وجود ندارد. برخی از افراد ممکن است به‌طور ذاتی دارای این خصیصه باشند و برخی دیگر ممکن است آن را نداشته باشند. خودمختاری، خوداختیاری و استقلال برای بسیاری تجربه‌های ناآشنایی هستند. کوچی که از MANAGER استفاده می‌کند باید در گذر زمان به این مسائل بپردازد. این موضوعی است که در تمامی مدلهای رهبری وجود دارد: چقدر باید به کارکنان استقلال داد؟

تلفیق کار و زندگی

تعادل کار-زندگی مفهومی بسیار شناخته‌شده در مدیریت منابع انسانی و محافل علوم رفتاری است. این مفهوم دلالت بر این دارد که مقدار کار تا حد خاصی مناسب است و باید این میزان با زندگی شخصی در تعادل بوده تا نسبتی سالم با هم داشته باشند. به عبارت دیگر، افراد باید اطمینان حاصل کنند که وقت کافی برای خانواده و تفریح داشته باشند، ساعات کاریشان را محدود کنند و کار را با خود به خانه نیاورند. این مفهوم با خود چند فرض نهان را به همراه دارد که عبارتند از:

- زندگی شخصی و کاری از نظر مکانی جدا هستند.
- کار عمدتاً در مقام کارمندی صورت می‌پذیرد.
- کار و زندگی از هم جدا هستند.

از منظر تئوری استقلال‌طلبی، تلفیق کار-زندگی خواستار تلفیق زندگی کاری و شخصی با هم است تا نیازهای پایه و روانیِ استقلال، کارآمدی و رابطه‌مندی به حداکثر برسند. تلفیق اشاره به تغییر شکل فراتر این قاعده به نفس درونی انسان دارد، بنحوی که این قاعده از خودِ انسان جاری شود. در این صورت، کار شکلی از نفس درونی خواهد بود. این به آن معنا نیست که اکثریت تجربه‌ی نیروهای کار به این نحو است. اما مفهوم تلفیق می‌تواند در نهایت مفیدتر از مفهوم تعادل باشد. فرضهای نهان این رویکرد عبارتند از:

- زندگی شخصی و کاری می‌تواند از نظر مکانی یا ارتباطاتی تلفیق پیدا کنند (مثال: کار از خانه با ساعت کاری انعطاف‌پذیر)
- کار می‌تواند به‌طور قراردادی یا به‌صورت کاروکسب انجام بپذیرد.
- تلفیق کار و زندگی نیازهای روانی استقلال، کارآمدی و رابطه‌مندی را برطرف می‌کند.

پیشتر عنوان شد که درونی‌سازی یعنی پذیرفتن یک ارزش یا قاعده. تلفیق نیز قدم بعدی در تغییر شکل آن قاعده است، بنحوی که از نفس درونی جاری شود. شخص می‌تواند یک ارزش یا قاعده را درونی‌سازی کند. اما تلفیق کامل کار-زندگی به این معناست که قاعده با خود شخص یکی می‌شود. با این حال این بدان معنا نیست که کارفرمایان باید از احتمال قاعده‌مندسازی روان کارکنانشان استقبال کنند، چرا که تئوری استقلال‌طلبی و مدل مدیریتی کار-زندگی بر اهمیت استقلال تأکید دارند و این نوع قاعده‌مندسازی در تناقض با این رویکردها است. هدف تلفیق کار-زندگی پرورش نیازهای روانی استقلال، کارآمدی و رابطه‌مندی است. اگر ترکیب کار و زندگی این نیازها را برطرف نکنند، یعنی تلفیق کار-زندگی موفق نبوده است. برخلاف تعادل کار-زندگی که در آن کار حس کارآمدی را فراهم می‌کند و خانه حس استقلال و رابطه‌مندی را، با کاهش جدایی زندگی شخصی و کاری، تلفیق کار-زندگی باید تمام این نیازها را برطرف کند.

مدل کوانتومی مذاکره؛ مدلی که هیچ‌گاه شکست نمی‌خورد

مصاحبه با یکی از مؤلفین کتاب مذاکره‌ی کوانتومی

مصاحبه‌ای که در ادامه می‌خوانید در ماه آوریل سال ۲۰۱۸، ملیسا لمسون از سیت inc.com با کارن والچ، یکی از مؤلفین کتاب مذاکره‌ی کوانتومی انجام داده‌اند. کتاب مذاکره‌ی کوانتومی با نام کامل "مذاکره‌ی کوانتومی: هنر رسیدن به آنچه نیاز دارید" در سال ۲۰۱۷ را کارن والچ، گئورگ اشمیتز و استفان ماردیکس روانه‌ی بازار کردند. بخشهای مختلف این کتاب به بررسی این مطلب می‌پردازند که چه کسی، چرا، چه زمانی و چگونه باید مذاکره‌ی کوانتومی را انجام دهد. در گفت‌وگویی که در ادامه می‌آید، کارن والچ به نکات مهمی درباره‌ی مذاکره‌ی کوانتومی اشاره می‌کند.

ملیسا لَمسون: عبارت «استراتژی تلفیقی یا سود دوطرفه» روی من تأثیر گذاشت. و همچنین اینکه این مدل هر پنج بُعد انسانی را در نظر می‌گیرد برای من خوشایند بود: شناختی، احساسی، اجتماعی، جسمی و روحی. اما، کارن، به زبان خودت بگو «مذاکره‌ی کوانتومی» چیست؟

کارن والچ: مذاکره‌ی کوانتومی، آماده‌سازی سود دوطرفه را از برنامه‌ریزی انحصاری در خصوص اینکه مذاکره بر سر چه، چرا و چگونه انجام می‌پذیرد، بیرون می‌آورد و آن را به مذاکره‌ای بسط می‌دهد که تمرکز بر روی این است که ما در مقام مذاکره‌کننده چه کسی هستیم. ما مذکره‌کنندگان با کشف شرطی شدنِ فرهنگی‌مان، با قصد و غرض واقعی‌مان روبه‌رو می‌شویم و همتای‌مان را نه به چشم یک رقیب بلکه، یک انسان می‌بینیم.

فرایند لنگراندازی و شفافیت درباره‌ی تفکر، احساسات، رفتار و عقایدمان شالوده‌ای محکم ایجاد می‌کنند که می‌توان از طریق آن قادر به ایجاد تغییر سبک بود. به این صورت، مذاکره‌کنندگان می‌توانند با دیگران به روشهای سالمتری ارتباط برقرار کنند.

مایکل ویلر، یکی از مؤسسین پروژه‌ی مذاکره‌ی هاروارد، در پیشگفتاری که برای کتابمان نوشت، می‌گوید که مذاکره‌ی کوانتومی خوانندگان را دعوت می‌کند تا تأملی ژرف‌تر در خصوص ذات اجتماعی فرایند مذاکره‌ی حرفه‌ای و شخصی داشته باشند. هر بار که ما منابع محدود را با یکدیگر شریک می‌شویم، هر بار که چیزی جدید درست می‌کنیم یا با هم مشکلی را حل می‌کنیم، فعالیت مذاکره اتفاق می‌افتد. از آنجایی که مذاکره ذاتاً یک فعالیت اجتماعی است، هر یک از ما با خود رجحانها، عقاید و رفتارهای آگاهانه ناخودآگانه‌ی خود را وارد این فرایند می‌کنیم، موضوعی که اغلب مانع سود دوطرفه می‌شود.

ملیسا لمسون: دانستن «شرطی شدن فرهنگی»مان مهم است. بسیاری از آدمها نسبت به این موضوع ناآگاهند و فقط وقتی با یک بافت فرهنگی متفاوت روبه‌رو می‌شوند این موضوع را حس می‌کنند چه چیز مذاکره‌ی کوانتومی در بافت کاروکسب جهانی یا میان‌فرهنگی سودمند است؟

کارن والچ: در این دوران اختلال و سـرعتِ نمایی، ظرفیت انسـانها برای تفکر نقادانه، درگیری اجتماعی و استقامت‌شان بشدت تحلیل رفته است. درست همان وقتی که کمی همدلی بیشتر برای خودمان و دیگران لازم اسـت، حالت دفاعی به خودمان می‌گیریم و کج‌خلق و ترسناک می‌شویم. مهارتهای احساسی و اجتماعی بیش از همیشه در حال ارزشمند شدن هستند.

پارادایم مذاکره‌ی کوانتومی یعنی دیدن خود و دنیا از راههایی که در معرض دیدمان نیستند. مذاکره‌ی کوانتومی با کاوش فرایند شرطی‌سـازیمان، روشـهای ناخودآگاهانه یا پنهانی که با آن نیازهای عمیق و رفتارهای خاص‌مان را می‌بینیم، تغییر می‌دهد. درسـت مانند طرز فکر جهانی یا میان‌فرهنگی، در مذاکره‌ی کوانتومی نیز شـرح حالی داریم که مسـیر یا ارجحیت نسبی یک مذاکره‌کننده را در موارد زیر می‌سنجد: دوگانه‌ی وظیفه/روابط، ارتباطات مستقیم یا غیرمستقیم، یا دیدن نمای کلی در مقابل جزئیات یک توافق.

ما مذاکره‌کنندگان با درک اینکه در نتیجه‌ی تجارب و تربیت اجتماعی‌مان تبدیل به چه کسی شـده‌ایم، می‌توانیم نسبت به تعصب ناهشیار و نحوه‌ی تأثیرگذاری آن بر رفتارمان آگاه شویم. به این ترتیب می‌توانیم خود را تغییر دهیم و با تیمها و همتایان جهانی طوری رفتار کنیم که اعتماد بین‌مان ایجاد شود.

ملیسا لمسون: تو اشاره کردی که مهارتهای احساسی و اجتماعی حتی ضروری‌تر از قبل خواهند شد. در عصر تغییر دیجیتالی، دیگر چه چیزهایی در مذاکره تغییر خواهند کرد؟

کارن والچ: فرایند دیجیتالی شدن تقریباً در هر صنعت، از جمله مثالهای اختلالی است که رهبران با آن روبه‌رو هستند. دیجیتالی شدن مزایای جدید بسیاری با خود می‌آورد و ایده‌ها و منابع جدید و دست‌نخورده‌ای را تقدیم می‌کند. تواناییهای دیجیتالی جدید مثل پلتفرم‌های بازرگانی الکترونیکی می‌توانند تأثیر بسزایی در پیشرفت مذکرات سنتی فروش و مشتری-عرضه‌کننده داشته باشند.

پیشـرفتهای دیگری چون اتوماسیون، کلان‌داده و علم تحلیل به‌همراه اینترنت اشیا فرصتهای مذاکراتی دیگری برای به دسـت آوردن سـودهای هنگفت در زنجیره‌ی ارزش تمام صنعت فراهم می‌کنند. اما این فرایند باعث افزایش سرعت و روند سازگاری می‌شود و همان‌طور که گفتیم ظرفیت انسانی ما را به حد انفجار خود می‌رساند. به‌عنوان یک استراتژی، مذاکره‌کنندگان که قصد استفاده از رویکرد سود دوطرفه و مشکل‌گشا دارند باید سرعت عبورشان از فاز اولیه‌ی مذاکرات را مدیریت کنند. این به‌معنای آن اسـت که آنها باید به‌اندازه‌ای سـرعت خود را کم کنند که دیگر به‌تنهایی موضوعات بحث را تعیین نکنند بلکه، علایق و محدودیتهای مشترک را پیدا کنند و به‌صورت دو طرفه این موضوعات را تعریف کنند. اسـتراتژی درسـت این است که اضطراب و تنش موجود در چنین تعاملاتی را از بین ببرید. یک رهبر می‌تواند از خونسردی‌اش بهره ببرد تا تغییر سبک دهد. ایـن به‌معنای تمرکز کمتر بر روی رفتار اجباری و تأکید بیشـتر بر روی تاکتیکهای گوش دادن،

سؤال پرسیدن و کاوش به‌منظور رسیدن به یک استراتژی همدلانه، مخصوصاً در مواقع تنش است.

ملیسا لمسون: و حرف آخر؟

کارن والش: گروه رو به رشدی از افرادی وجود دارد که کارها و طرز تفکرشان با حقه‌های ماکیاولی[1]، تهدید و زور میانه‌ای ندارد. امروزه شاهد تکامل مذاکره‌کنندگان هستیم. آنها در حال ایجاد حضور مذاکراتی قوی از راه رشد شخصی فعالیتهای عملکرد بالا هستند.

این طرز تفکر بر مبنای نیک‌خواهی و ارتباطات انسانی برقرار است. چنین تفکری افراد و روابطشان را دستخوش تغییر می‌کند. من هیجان‌زده‌ام که بخشی از این گروه رو به رشد مذاکره‌کنندگانی باشم که توصیه‌های خود را در خصوص برخورد دیگران را به اشتراک گذاشته‌اند[2].

پیشنهاد می‌کنم کتابهای اصول، فنون و هنر مذاکره با نگرش بازار ایران و اهرم در مذاکره را بخوانید. مذاکره گفت‌وگوی سازمان‌یافته‌ای است که با هدف برد طرفین برای رسیدن به هدف مشترک صورت می‌گیرد. مذاکره، طبیعت رفتار آینده‌ی طرفین با یکدیگر را مشخص می‌کند. مذاکره از جمله مهارتهای ارتباطی برای افزایش ارزش و کسب انرژی است.

---

۱. نیکولو ماکیاولیف فیلسوف و مورخ ایتالیایی، در قرون پانزدهم و شانزدهم میلادی است. شهرت ماکیاولی به دلیل نوشتن کتابی به نام "شهریار" است که وی در آن به حکمران فلورانس پیشنهاداتی برای حفظ قدرت ارائه می‌دهد. پیشنهادات ماکیاولی عمدتاً به این مسأله اشاره دارند که برای حفظ قدرت زیر پا گذاشتن اصول اخلاقی توجیه‌پذیر است. ماکیاولی را پدر سیاست مدرن می‌دانند.

۲. برای آشنایی بیشتر با مذاکره‌ی کوانتومی پیشنهاد می‌کنم به کتابی با همین عنوان که به تازگی منتشر شده است مراجعه کنید؛ مذاکره‌ی کوانتومی، یورگ اشمیتس، دکتر کارن اس. والش، و استفان ام. ماردیکس. ترجمه‌ی دکتر فرشته منصوری مؤید، کاوه گنجه، بهار محسنی نسب. انتشارات دانش ماندگار عصر.

فصل ششم

آینده‌ی کاروکسب ها

سؤالات کلیدی:

- رهبران کوانتومی در زمانه‌ی آشوب چه وظایفی دارند؟
- تفکر کوانتومی چه تأثیری بر مسیر کاروکسب‌ها در آینده دارد؟

آشوب و وظیفه‌ی رهبران کوانتومی آینده

در این دوران سـخت، یافتن اوقاتی آرامش‌بخش برای تأمل در باب اوضاع دشـوار اسـت. این زمان به نظر می‌رسـد مملو از فعالیت، تغییر، حرکت و پاسـخهایی برای مسائل جدید و متفاوت باشـد. همین‌طور که از عصر صنعتی دور شـده و وارد عصر تکنولوژی می‌شویم، اهمیت تغییرات در مفاهیمی چون قدرت فهم، کار، رابطه و خود زندگی را درک می‌کنیم. تمام داستانهای علمی-تخیلی‌ای که خوانده‌ایم در برابر چشمانمان به واقعیت تبدیل می‌شود[1].

در ۲۰ سال گذشته، همزمان که عصر قدیم را پشت سر می‌گذاریم، سرعت این تغییرات افزایش پیدا کرده اسـت. ورودمان به عصر جدید تمامی باورها و عادتهایی که در عصر صنعتی داشته‌ایم، از جملـه نحوه‌ی تفکر خطی و عمـودی، را از نو به بوته‌ی آزمایش می‌گذارد. این نحوه‌ی تفکر در گذشته تأثیر بسزایی بر تمامی نهادها و فعالیتهای اجتماعی ما داشت، از علم گرفته تا دولت و دین.

تغییرات همیشه برای انسانها سخت است. تغییر ما را مجبور می‌کند که با هر آنچه تا پیش از این زندگی ما را تعریف می‌کرد روبه‌رو شویم و آن را از نو بسازیم. تغییر یادآور این موضوع است که زندگی جریان دارد و مانند یک سفر است. حقیقت نیز همین‌گونه است. ما دوست داریم حقیقت امری ثابت باشد تا به این ترتیب با نارضایتی، عدم اطمینان و تردیدهایی که تغییر به همراه دارد روبه‌رو نشویم و مجبور نباشیم مبنای اعمالمان را زیر سؤال ببریم.

در این شـرایط اسـت که یک رهبر وارد میدان می‌شود و سعی در درگیر شدن با فراز و نشیب زندگی و همین‌طور وارد کردن این تجارب به محیط کاری می‌کند. رهبر بر خلاف دیگران آرامش و هماهنگی را نه در بستر یک واقعیت خارجی تغییرناپذیر بلکه، در مسیر درست و سفر شخصی خود می‌یابد. یک رهبرِ آگاه متوجه است که روبه‌رو شدن با چالشها و فرصتهایی که در فرایند ابدی تغییر

---

۱. برای آشـنایی هرچه بیشتر با حوزه‌ی آینده‌پژوهی پیشـنهاد می‌کنم کتاب آینده‌پژوهی در کاروکسب تألیف اینجانب را بخوانید که انتشارات بازاریابی آن را منتشر و به بازار عرضه کرده است.

وجود دارد، بخشی لاینفک از رشد شخصی است. یک رهبر با پیوند یافتن با تجربه‌ی تغییر و نشان دادن رشدِ درونی زندگی‌اش دیگران را برای ادامه‌ی مسیر رشدشان تشویق می‌کند.

وظیفه‌ی رهبر وارد کردن اصول کوانتوم به سازمان است. این یعنی که رهبر آماده باشد که همسو با قوانین کوانتومی عمل کرده و آشوبی که در این سیستم وجود دارد را بپذیرد. دیدگاههای سنتی نهادی و عمودی نسبت به کار و روابط اینک برای درک نحوه‌ی رهبری و چگونگیِ انجام تغییر ناکارآمد هستند. درعوض دیدگاه «تمام سیستم» باید اتخاذ شود و تمامی کنشها و اولویتهای اعضای سازمان را تحت‌الشعاع قرار دهد.

رهبران واحدهای سازمانی باید متوجه باشند که آنها صرفاً وظیفه‌ی رهبری واحدهای خود را برعهده ندارند بلکه، تمامی سازمان را از نقطه‌نظر واحد خود رهبری می‌کنند. اکثر رهبران وظیفه‌ی خود را در این می‌دانند که واحدهایشان را به بهترین نحو اداره کنند. اگرچه این هدفِ تحسین‌برانگیزی است، اما اشتباه است. چرا؟ چون هیچ واحدی نمی‌تواند بدون دیگر واحدها رشد کند. فرایند رشد و شکوفایی نیازمند تقاطع کنشها است؛ هر کنش، کنش دیگر را جلو می‌راند و در کنار یکدیگر سلامت کل سازمان را تضمین می‌کنند. تمامی رهبران واحدها سعی در هماهنگی تلاشهای تمام افراد سازمان دارند. رهبران این تلاشها را در قالب شبکه‌ای از پیوندها در می‌آورند که همه با هم هدف سازمان را پیش می‌برند. آشوب و پیچیدگی صرفاً بافتی عادی برای تمامی کارها و روابط هستند و بنابراین، رهبران باید از درکی که از آشوب و پیچیدگی دارند در تک تک عناصر کارشان استفاده کنند.

مدیریت خود و خلاقیت

فیزیک نیوتونی و داروینیسم بر این باور هستند که دنیا یک فرایند سردِ مکانیکی است و زندگی بی‌رحم، بر پایه‌ی سلسله‌مراتب، تصادفی و ورای تأثیرگذاری انسانها است. این دیدگاه که دنیا را مکانیکی و بی‌تفاوت و حتی خشن می‌بیند، نادرست است. یافته‌های بعدی دانشمندان کوانتوم آشکار کرده است که دنیا متشکل است از فرایندهای کاوش، آزمایش و سازگاری که دائماً در حال خلق کردن است. پتانسیل، تغییر و تطبیق شالوده‌ی خلقت را تشکیل می‌دهند و حاکی از آنند که زندگی از آنچه پیشتر تصور می‌شد چالش‌برانگیزتر و خطرناکتر است. از آنجایی که تمامی کنشها با هم در ارتباطند، هیچ کنشی بدون تأثیر بلندمدت نیست. رفتار افراد بویژه، در تمامی فرایندهای زندگی در همه‌جا تأثیر می‌گذارد.

برای رهبران این ایده‌های جدید آثار جدی‌تری دارند. رهبران با کوچکترین کارهای خود می‌توانند بزرگترین تأثیرها را در هر سطحی در سازمان بگذارند. آنها با رفتار خود فرهنگ سازمان را ایجاد می‌کنند و چارچوبی را بنا می‌کنند که از طریق آن می‌توان نسبت به چالشها و بی‌اطمینانی‌ها

واکنش مناسب نشان داد. آنها با پذیرفتن و استقبال از تغییر، آن را به‌عنوان یک مبحث عادی و متعارف در سازمان جا می‌اندازند.

مهم است که رهبران به‌طور کامل انتظارات شغلشان را برآورده کنند. اگر یک رهبر نمی‌تواند به شخصه در جریان احتمالات و پتانسیلها زندگی کند، از دیگران هم نمی‌تواند چنین خواسته‌ای داشته باشد. برای مثال، جهان، اشتیاق کاوش و تغییر شکل دارد، پس رهبران نیز باید در رفتارهایشان شورِ آزمایش، چالش و درگیری را نشان دهند. آنها باید نمونه‌ی بارز این نوع پویایی باشند. در ادامه برخی از مسائلی که رهبران باید به آن توجه کنند را آورده‌ایم.

زندگی سرشار از شادی است. اگر رهبر شور نداشته باشد، دیگر اعضای سازمان هم شور نخواهند داشت. رهبر است که بستر مناسب را برای کار و روابط ایجاد می‌کند. اگر مدل ذهنی رهبر دلالت بر این داشته باشد که زندگی سخت و نابکار است، بستر سازمان نیز سخت و نابکار خواهد بود. رهبر باید بر این عقیده باشد که زندگی هیجان‌انگیز و پر از ماجرا است تا تمام اعضای سازمان حس کنند که به سفری دعوت شده‌اند که در آن قرار است خود را بیابند و تغییرشکل پیدا کنند.

زمان کافی برای تأمل ضروری است. رهبران باید برای تأمل در خصوص نقش‌شان و بستر نقش‌شان وقت بگذارند. اگر در روز زمان کافی برای تأمل روی مسائل شخصی وجود نداشته باشد، هیچ رهبری نمی‌تواند بر روی چیزهایی که بر کارش تأثیر می‌گذارند تمرکز کند.

راه رسیدن به نظم، آشوب است. رهبران می‌دانند که آشوب یک امر ثابت و پابرجا است. آنها این را هم می‌دانند که نظم از آشوب به دست می‌آید. رهبران با مشاهده‌ی سادگی که در کانون پیچیدگی نهفته است به‌دنبال پیوندهایی می‌گردند که آشوب از بین می‌برد یا از نو می‌سازد. آنها این پیوندها یا نیروها را همچون پازلی به مأموریت، هدف و جهت سازمان متصل می‌کنند و سعی دارند که قطعات را با همدیگر جور کنند.

رهبری یعنی پیمان بستن با احتمالات و پتانسیلها. رهبران متوجهند که تجربه یعنی به کار بستن پتانسیلها به شرایط موجود و نقش‌شان این است که به‌منظور اثر بخشیدن به تغییر، این پتانسیل را به حقیقت تبدیل کنند. به عبارت دیگر، واقعیت احتمالی را به زبانی بیان می‌کنند که برای کارکنان معنا و مفهوم داشته باشد.

قبل از اینکه سر و کله‌ی نظم پیدا شود، همه چیز آشفته‌تر از قبل می‌شود. زندگی آشفته برای خیلی از آدمها دشوار است. ما به نظم منطقی، معقول و بصری میل داریم و معمولاً قادریم که زندگیمان را جوری مدیریت کنیم که به چنین نظمی برسیم. اما مشکل در اینجاست که همزمان که ما در حال تثبیت و برقراری نظم هستیم، زندگی درحال خراب کردن کار ما است. این موضوع را می‌توان به عبارت دیگری هم بیان کرد: میل ما به نظم به حدی است که گاهی زندگی را یک حالت ایستا در نظر می‌گیریم که می‌توان با قوانین خودساخته جلوی تغییر آن را گرفت. اما زندگی

اینگونه نیست و اندکی بعد از سعی و کوشش ما برای برقراری نظم در آن، دوباره از نو پیچ و خم خود را به رخ می‌کشد و نظم ما را هیچ می‌کند.

رهبران باید هویتشـــان را حفظ کنند. تمامی موجودات زنده به‌دنبال حفظ هویت خود هستند. رهبران نیز تفاوتی با بقیه ندارند. اما رهبری کاری طاقت‌فرساست و ممکن است منجر به تخلیه‌ی انرژی یا آسـیب رسیدن راستی و درستی شخص شـود. زندگی در دنیا به‌معنای یافتن مکانی در دنیاســت. برای رهبران، این به‌معنای آگاهی از این حقیقت اســت که آنها در فضایی قرار دارند که تمامی فضاهای کنارین را تحت تأثیر قرار می‌دهد. توانایی آنها در تحت تأثیر قرار دادن دیگران از راه رهبری شخصی منوط به این است که آنها چقدر خوب بتوانند در فضای خود زندگی کنند، به تقاضا برای تحرک واکنش نشــان دهند، مشکلات شخصی را برطرف کنند، و با چالشهای به وجود آمده دربرابر رشدشــان روبه‌رو شـوند. رهبران اگر نتوانند خود با چیزی وفق پیـدا کنند، دیگران را هم نمی‌توانند به آن وفق دهند. پارادوکس هویت این است که شخص به‌منظور حفظ هویت خود باید تغییــر کنــد. رهبران باید خود را تطبیق دهند تا بتوانند دیگران را در پذیرفتن تغییرات خود یاری کنند

همه‌ی ما در تحول یکدیگر نقش داریم. همه‌ی ما بر دیگران تأثیر می‌گذاریم؛ در مسیر زندگی غریبــه‌ای حضــور ندارد. هرچیزی در هر جایی در نهایت با هم پیوند برقرار می‌کنند تا تغییر را به ارمغان بیاورند. قوانین، فرایندها، و شرایط رشد دائماً در حال تغییر هستند و نمی‌توان بر آنها تکیه کرد تا در هر نقطه‌ی چرخه‌ی تغییر نتیجه‌ی یکســانی را در بر داشته باشند. رهبر از این موضوع باخبر اســت و می‌داند که شروط عملیاتی واقعی زندگی ترکیب، نه تحلیل، انعطاف، نه استحکام، اصول، نه قوانین، و تمرکز، نه عملکرد، هستند.

کار رهبری کاروکســب مهم و تأثیرگذار اســت و از این رو، نیازمند مراقبت و تلاش زیاد است. مشغله‌های شخصی رهبران در ماجراجویی خودشان راهی است که به دیگران نشان می‌دهد که آنها نیز ملزم به روبه‌رو شدن با چالشهایی هستند که تغییر به همراه می‌آورد، هستند. کارکنان می‌توانند از تلاشــهای رهبر الگوبرداری کنند تا فرایند سازگاری خودشــان را تسهیل کنند. از سوی دیگر، رهبرانی که به مشکلات شخصی سازگاری نپرداخته‌اند و نتوانسته‌اند بینش، شهامت و خلاقیتشان را حفظ کنند احتمالاً نخواهند توانست به دیگران کمک کنند که خود را به‌درستی پیدا کنند و از پس چالشها بر بیایند.

هوش روحی: ده قانون راه

مهمترین مسئولیت یک رهبر کاروکسب، مدیریت انرژی و تعادل آن با ارزش است. او با نوع و سبک رهبری خود به‌صورت مرتب ارزش ارائه‌شده از سوی سازمان به محیط خصوصاً مشتریان را

ارتقا می‌دهد تا انرژی بیشتری از توجه مشتریان و سودآوری سازمان دریافت کند.

رهبری صرفاً مجموعه‌ای از مهارتها نیست بلکه، حوزه‌ای است خاص خود. از این رو، نیازمند تعهد به رشد و پیشرفت شخصی دائم است. رهبران در این نقش نه تنها به فرایند تغییر و سازگاری جهت می‌دهند بلکه، خود نمونه‌ای بارز از سازگاری خواهند بود. این بدان معناست که تغییرات شخصی، بلوغ و رشد از جمله بخشهای لاینفک زندگی یک رهبر هستند. متعاقباً، رهبران همیشه درگیر دستیابی به پتانسیل درونی خود هستند. در زیر برخی از بخشهایی که زندگی یک رهبر را تشکیل می دهد، آورده‌ایم. این بخشها به‌روشنی نشان می‌دهند که خود رهبران هم در مسیر کاوش و رشد قرار دارند.

۱- نقش رهبری نیازمند شهامت است. برای رهبران، ریسک یکی از جنبه‌های فراگیر زندگی است. رهبران در میان احتمالات و پتانسیلها زندگی می کنند، جایی که ریسک بالایی دارد. آنها وظیفه دارند که پتانسیل را تبدیل به تجربه‌ی واقعی کنند، بنحوی که دیگران هم بتوانند ببینند که سفر تغییر شکل بر نقشهای خودشان هم تأثیر می گذارد. رهبران همیشه به کارکنان خود نسبت به معنا و پیش‌نیازهای کار و جهتی که باید داشته باشد تا ارزشمند شود، هشدار می‌دهند. بنابراین، گاهی لازم است که روی لبه‌ی تیغ حرکت کنند و کارکنان را وادار کنند که با بینشها و رفتارهای خود روبه‌رو شوند.

۲- مراقبت از خود اولویت نخست است. آنها بخوبی می‌دانند که چه انگیزه‌ای پشت کارها و پاسخهایشان قرار دارد و همیشه براساس درکشان از این موضوع عمل می کنند. آنها همچنین می دانند که اگر نیاز خودشان بیش از دیگران باشد، نمی‌توانند به نیاز دیگران برسند. بنابراین، آگاهند که آنها هم نیازمند زمان برای تأمل، فرصت برای پیشرفت خود، و مهارتهای لازم برای روبه‌رو شدن با مشکلات کلیدی رشد هستند. پیشنهاد می کنم کتاب مدیریت برند شخصی بر پایه‌ی خودمدیریتی را بخوانید؛ تألیف پرویز درگی، انتشارات بازاریابی.

۳- تعیین چندین هدف متمرکز و دستیابی به آنها بهتر از تعیین اهداف پراکنده و شکست در دستیابی به آنهاست. هیچ چیز تضعیف‌کننده‌تر از تعیین انبوهی از اهداف و نرسیدن به هیچ‌کدام‌شان نیست. بنابراین، منطقی است که تعداد اهداف کمّی را تعیین کنید و خودتان را وقف رسیدن به آنها کنید. جاه‌طلبیِ کمتر این سود را به همراه خواهد داشت که تمرکزتان از بین نخواهد رفت و می‌توان پیشرفت شایانی داشت. رشد شخصی کاری است زمان‌بر و به تعهدی نیاز دارد که تا پایان عمر ماندگار بماند.

تمرکز بر روی مسائل کلیدی رشد شخصی باعث می‌شود که بتوان آنها را حل کرد و به سراغ مسائل بعدی رفت. قرار نیست تمام رفتارها و عادتها همزمان با هم تغییر کنند. رهبران نباید نسبت به خود سختگیری کنند و انتظار پیشرفت در تمام جوانب را داشته باشند. موفقیتهای کوچک

می‌توانند بنیانی برای تغییرات شگرف و ابزاری برای رسیدن به اهداف بزرگتر باشند.
رهبران باید به دیگران کمک کنند که زندگی خود را اولویت‌بندی کنند تا بهتر بتوانند رفتارها و عادتهای خود را اصلاح کنند. رهبران از طریق واقعگرا بودن و انعطاف‌پذیری می‌توانند موفقیت را تبدیل به یک امر متعارف تبدیل کنند. موفقیت تأثیر بسزایی روی رفتار افراد می‌گذارد و همه را از نو شارژ می‌کند.

۴- دعا یکی از ابزارهای رهبری است. اگر چه به اندازه‌ی شمار رهبرها در دنیا سنت دینی وجود دارد، اما دعا در کانون تمامی این سنتها قرار دارد. اعتقادات رهبران هر چه که می‌خواهد باشد، اما باید بدانند که ثابت شده دعا تأثیر بسزایی بر روی کیفیت تصمیمها و تسلّیِ زمان مواجهه با چالشها دارد. دعا انعکاسی است از واقعیتی که ورای واقعیت ما وجود دارد. دعا نیروهای روحیِ داخلی و خارجی را مهار می‌کند تا به ایجاد استقامت لازم برای ادامه‌ی مسیر کمک کند. دعا ذهن را متمرکز می‌کند، جوری که منجر به بینشهای جدید و روابط قوی و عمیق می‌شود.

۵- چالش و تغییر از ویژگیهای معمولی جهان هستند. ثبات برابر است با مرگ. تغییر حالت معمول خلقت است. نقش رهبران این است که در باریکه‌ی بین ثبات و تغییر قدم بردارند؛ اما معمولاً تمایلشان به تغییر بیشتر است. آشوب از نشانه‌های زندگی در جهان است و در تمامی جنبه‌های تجربه‌ی بشری حضور دارد. رهبران که به این امر واقف هستند انتظار ندارند که ثبات پابرجا بماند. هر گونه ثباتی که می‌یابند در واقع استراحتگاهی است برای شروع ماجرا به‌سمت مکان بعدی.

۶- جهان پر از انرژی خلاقانه و رمز و راز است. از آنجایی که همه چیز همیشه در حرکت است، هرکاری که یک رهبر انجام دهد بنحوی نمایانگر تغییر و سازگاری و انطباق خواهد بود. یک تغییر خاص به‌خاطر خودش اتفاق نمی‌افتد. بلکه، انعکاسی است از ترکیب تغییراتی که در سطح بالاتر اتفاق افتاده‌اند و وقتی با یکدیگر پیوند برقرار می‌کنند، مرحله‌ی بعدی جهان را می‌سازند. رهبران، در کنار بقیه، در این رقص جهانی یا تبادل انرژی حضور دارند و با درک این موضوع می‌توانند معنای کار و تلاش‌شان برای تغییر را ژرف‌تر از پیش کنند. آگاه شدن از نیرویی که جهان را به جلو می‌راند، اولین قدم در تشخیص معنا و ارزش در تلاشهای فردی تمام کسانی است که به تغییر شکل کمک می‌کنند.

۷- رهبران باید افراد دیگری را که به تغییر و رشد متعهدند بیابند. داشتن همراه در مسیر رهبری کاروکسب موهبت بزرگی است، اما فقط وقتی که همراهان از نوع مناسبش باشند. هستند کسانی که به هر دلیلی می‌خواهند مسیر زندگی را سخت و ناهموار کنند. این افراد می‌خواهند دیگران در شرایط آنها باشند. آنها جلوی فرایند تغییر شکل را می‌گیرند و عصاره‌ی زندگی را از تجربه‌ی رهبری بیرون می‌کشند.

از این افراد باید اجتناب کرد. رهبران به هنگام انجام وظیفه‌ی رهبری به تمام حمایتی که از دیگران دریافت می‌کنند، نیاز دارند. آنها از همکاران و دوستانشان هم انتظار دارند که به اندازه‌ی خودشان به تغییر شکل شخصی و سازمانی متعهد باشند. کار رهبری انرژی زیادی می‌برد و نیازمند حمایت افراد خوبی است که بتوانند کار را شفاف‌سازی کرده و افراد مشغول به آن را تحریک کنند. رهبران باید به‌دنبال کسانی باشند که خودشان انگیزه‌ی خوبی دارند و بتوانند نقش رهبری را بسط دهند.

۸- هدف رهبری پیوند پیدا کردن با سفر تغییر شکل است. مردم می‌توانند هم از روی طرح و نقشه تغییر کنند هم به‌طور خودبه‌خودی. از جمله وظایف رهبران این است که کمک کنند که افراد بر طبق طرح و نقشه تغییر کنند و آنها را در سفر تغییر شکل هدایت کنند نه اینکه آنها را به آغوش امواج بسپارند. اما کار کردن با دیگر افراد در زمانی که در دوران سختی قرار دارند ممکن است بینش رهبر را دچار خطا کند و این حقیقت که تغییر امری است اجتناب‌ناپذیر را از او پنهان سازد. بنابراین، رهبران باید هر از چند گاهی از کار خود فاصله بگیرند یا با همکاران صحبت داشته باشند تا تعهدشان نسبت به رهبری کردنِ تغییر، تجدید شود و پیوندشان با سفر پیش رو و بینش‌شان نسبت به آینده از نو تثبیت شود. این بخش بسیار مهم رهبری است: متمرکز ماندن بر روی تغییر شکل.

۹- قضاوت، دشمن روح درونی است. قضاوت مردم منعکس‌کننده‌ی احساساتشان درمورد آن موضوع خاص است. قضاوت آنها مشخصاً از روی ارزشها و تعصبها، ترسها و بی‌اطمینانی‌هایشان شکل گرفته است. آدمها بندرت مسائل را آنطور که واقعاً هست می‌بینند و اغلب تعصباتشان بر مسائل سایه می‌اندازند. به‌علاوه، قضاوتهایی که درمورد کارها صورت می‌گیرد بیشتر اوقات کننده‌ی کار را هدف می‌گیرد، نه خودِ کار را. مثلاً یک کار یا عملکرد ممکن است صرفاً به‌خاطر اینکه کننده‌ی کار فردی بی‌مهارت یا ناآزموده به شمار می‌رود، مورد شمانت قرار بگیرد. هرچیزی دارای ارزش است اگر به‌درستی دیده شود. حتی رفتار منفی هم اگر به‌درستی درک شود می‌تواند معنا داشته باشد. رهبران باید توجهی به قضاوتهای دیگران نداشته باشند. آنها در عوض باید سعی داشته باشند تا مسائل را در بافت مناسب خود ببینند. قضاوت معمولاً با ترس همراه است و ترس پاسخهای انسانی را قطع و محدود می‌کند و حس خلاقیت را از بین می‌برد.

۱۰- اگر خالق را دوست نداشته باشید، نمی‌توانید مخلوق را هم دوست داشته باشد. اگر شخصی حس کند که دوست داشته نمی‌شود، خودش هم نمی‌تواند کس دیگری را دوست داشته باشد. این موضوع برای رهبران هم صادق است. بسیارند کسانی که الزاماً به‌خاطر ایجاد تغییر در پی سمت، منصب، یا پست رهبری نیستند. این افراد عموماً به‌خاطر نیاز شخصی خودشان مبنی بر درخشیدن و جلب توجه رو به این مقام می‌آورند تا چیزهایی که در جای دیگر به دست

نیاورده‌اند را تصاحب کنند: توجه، پاداش و دوستی. این افراد متوجه نیستند که اگر خودشان رضایت را در خود نیابند، در پست رهبری نیز نمی‌یابند. همچنین متوجه نیستند که ابتدا باید خودشان خودشان را دوست داشته باشند تا بعدها از جایگاه رهبری کاروکسب چیزی نصیبشان شود.

سفر کوانتومی در زمان و مکان

طبق نظریه‌ی کوانتوم، زمان و فضا ضمیمه‌ی یکدیگرند. کوچ‌های سیستمیک با درنظر گرفتن این موضوع دائماً از مهارتها و استراتژیهای بسیار دقیقی استفاده می‌کنند تا بُعد زمان-مکان را گسترش داده و آن را پیچ دهند. چنین استراتژیهای کوانتومی می‌توانند بسیار به آموزش‌گیرندگان کمک کنند. بیشتر رویکردهای کوچینگ مکرراً از تکنیکهای ارتباطاتی‌ای استفاده می‌کنند که آموزش‌گیرندگان را ملزم می‌کنند تا نگاهشان را نسبت به مقوله‌ی زمان-مکان تغییر دهند تا به این ترتیب راه‌حلهای جدیدی را برای مشکلاتشان بیابند. کوچ‌های سیستمیک اما به هنگام کار کردن با آموزش‌گیرندگان ورای این تکنیکها می‌روند و از مکانیک و پارادایم کوانتومی بهره می‌برند. در اینجا چندین مثال از نحوه‌ی انجام کوچینگ سیستمیک ارائه می‌دهیم.

سفر در زمان با محوریت آینده

در این روش، کوچ از آموزش‌گیرندگان خود سؤالی پیش‌پاافتاده ولی قوی می‌پرسد که قصد آن جلو راندن آموزش‌گیرنده به‌سمت مسیر موفقیت است. کوچ‌ها اغلب سؤالاتی می‌پرسند که آموزش‌گیرندگان را به آینده و یا حتی به مابعدِ تکمیل پروژه یا حل شدن مشکلشان می‌برد.

مثال الف: اگر الان دو سال بعد بود و مشکل یا پروژه‌ی شما کاملاً به پایان رسیده بود، بنحوی که هم شما و هم افراد دیگر درگیر در کار را راضی کرده بود، در آن صورت تصمیم امروزتان چه بود که به آن راه‌حل منجر شد؟

نحوه‌ی پرسش این سؤال به گونه‌ای است که این حس را القا می‌کند که آموزش‌گیرنده به آینده سفر کرده است تا به گذشته‌اش (امروز) نگاهی بیندازد. این فرایند به این منظور طراحی شده است که افراد بتوانند از نقطه‌نظر آینده مسیری که در گذشته می‌توانند انتخاب کنند را بررسی کنند.

نحوه‌ی دیگر اجرای این طرح این است که دوباره از تجسم آینده استفاده شود، اما این بار از فرد خواسته شود که در همانجا بماند تا به‌طور کامل آن آینده‌ی موفق را تجربه و توصیف کند.

مثال ب: تصور کنید که الان دو سال بعد است. پروژه‌ی شما طبق رضایت کامل شما و تمام افراد مربوطه‌ی دیگر به پایان رسیده است. پروژه یک موفقیت کامل است. می‌توانید نتایج به دست آمده را توصیف کنید؟

به تغییرات زبانشناختی جمله نیز توجه کنید. وقتی کوچ جمله را به زمان حال بیان می کند، فرد دعوت می‌شود که به آینده سفر کند و در همانجا بماند گویی آنجا زمان حال است. به این ترتیب افراد دعوت می‌شوند که همین حالا آینده و نتایج به دست آمده‌شان را حس کنند.

همچنین مفید است که کوچ این تجسم آینده یا این تغییر شکل آینده به حال را ادامه دهد. به این منظور، کوچ با پرسیدن سؤالات پرجزئیاتی که توصیفهای دقیقی از نتایج به دست آمده را از فرد می‌خواهند، در زمان حال باقی می‌ماند:

- این وقایع در کجا در حال اتفاق هستند؟
- افراد دخیل در پروژه چه کسانی هستند؟
- چه کسانی خارج شده‌اند؟
- شراکتهای جدید و مهم کنونی کدامها هستند؟
- جزئیات فنی و عملیاتی کلیدی کدامها هستند؟
- مزایا و نسبتهای مالی به چه صورت هستند؟
- غیره.

کوچ می‌تواند به‌منظور تشویق هر توصیف و دریافت نکات دقیق در خصوص آینده‌ی فرد با نظرت مثبت خود، فرایند کاوش فرد در آینده‌اش را تصدیق کند: «عالی! چقدر جالب! دیگر چه؟» به این ترتیب، کوچها می‌توانند به افراد کمک کنند که به‌طور کامل جزئیات پروژه‌ی جدید موفق‌شان و نتایج آن را لمس کنند.

- این استراتژی قصد دارد که آینده‌ی فرد را به حال تبدیل کند.
- از نظر زبانشناختی مثال الف ساختاری شرطی دارد اما مثال ب اِخباری است.
- در مثال دوم، آینده به زمان حال گفته شده است.
- با توجه به نتایجی به دست آمده می‌توان گفت که مثال ب بدون شک قویتر است.
- مثال الف همچنین تفکر رو به جلو و بازگشت به گذشته را در یک سفر سریع با هم ترکیب می‌کند. این کار نشان از این دارد که کوچِ ناشکیبا می‌خواهد هرچه زودتر افراد را به مرحله‌ی طرح‌ریزی کنش برساند.

در مثال اول، استراتژی کوچ را می‌توان یک استراتژی افزایشی در نظر گرفت که متمرکز بر این است که فرد چگونه می‌تواند طرح‌ریزی کنش فردایش را انجام دهد تا بتواند بتدریج خود را به آینده برساند.

- در مثال ب، از فرد خواسته می‌شود که در آینده حضور داشته باشد، نتایج را به‌دقت شرح دهد، مختصات مکانی آینده را به تصویر بکشد و از پروژه‌ی نهایی انگیزه بگیرد. این همانند یک کار پرجزئیات تصویرسازی است.

به خاطر داشته باشید که در مثال دوم، استراتژیِ بازگشت به حال به‌منظور متمرکز کردن فرد بر روی کارهایی که لازم است انجام دهد، در اثر تصویرسازی پرجزئیات نتایج حاصل می‌شود. پیشنهاد تمرکز بر روی یک طرح کنش مانند یک پس‌اندیشه است. چیزی که واقعاً اهمیت دارد، و درنهایت بسیار انگیزه‌بخش است، وضوح بینش فرد از نتیجه‌ی نهایی است.

این مثالها بخوبی نشان می‌دهد که تعدیل و تنظیم عنصر زبانشناختی به هنگام طرح سؤالات و استراتژیهای زمانی و مکانیِ آینده‌محور شدیداً حائز اهمیت است. اساساً به نظر می‌رسد که عامل اصلی تعیین‌کننده‌ی قدرتمندی این سؤالات، چارچوب سنجش یا پارایم زمان و مکان کوچ باشد. زبانشناسی هر کوچ پارادایم زمانی آن کوچ را نشان می‌دهد.

- هر نظر یا سؤالی که کوچ مطرح کند، به وسیله‌ی آن چارچوب سنجش‌اش را، که شامل پارادایم زمان- مکان می‌شود، به فرد منتقل می‌کند.

اگر کوچ‌ها باور داشته باشند که آماده‌سازی و انجام کنشها فرایندی وقت‌گیر است، آموزش‌گیرندگانشان نیز به این باور می‌رسند. اگر کوچ‌ها باور داشته باشند که زمان صرفاً یک توهم است، آموزش‌گیرندگانشان نیز به این باور می‌رسند و با سرعت خارق‌العاده‌ای به نتایج دست پیدا می‌کنند. پارادایم زمانی کوچ، که در زبانشناسی مناسب او تجلی پیدا می‌کند، می‌تواند بخوبی افراد را قادر به گرفتن نتیجه در یک چشم‌انداز زمانی کاملاً متفاوت کند.

برای فهم بهتر، نوع دیگری از این سؤال را مطرح می‌کنیم. ابتدا به مثال ب که در بالا آورده شده بازگردید. این سؤال از فرد می‌خواهد که به‌طور کامل در جزئیات یک آینده‌ی موفق غرق شود:

مثال ب: تصور کنید که الان دو سال بعد است. پروژه‌ی شما طبق رضایت کامل شما و تمام افراد مربوطه‌ی دیگر به پایان رسیده است. پروژه یک موفقیت کامل است. می‌توانید نتایج به دست آمده را توصیف کنید؟

کوچ، به همان صورتی که در بالا گفته شد، می‌تواند توصیفات و جزئیات آینده‌ی فرد را از او بگیرد و در هر مرحله حرفهای او را تصدیق کند. وقتی این آینده‌ی دقیق بخوبی تثبیت و توصیف شود، آن وقت کوچ می‌تواند یک سؤال کاملاً متفاوت بپرسد:

مثال پ: عالی است! شنیده‌ام که این پروژه اکنون به اتمام رسیده و مورد رضایت تمامی افراد است. تبریک می‌گویم! حالا بالاخره می‌توانید تمرکزتان را بر روی کاری بگذارید که واقعاً برای آینده‌ی بلندمدت‌تان در نظر دارید. می‌توانید بگویید آینده‌ی بعدی چه شکلی است؟

کوچ با چنین استراتژی سؤال و جوابی قصد دارد فرد را در کاوشِ شهودی‌اش در جستجوی آینده‌ی دورش، ورای پروژه‌ی میانه، همراهی کند. این آینده ورای اولین آینده‌ی موفقی که انرژی فرد را به خود جلب می‌کند، قرار دارد. دقت کنید که این سؤال حالا تغییر حالتی کاملاً غیرمنتظره در نقطه‌ی دید را ارائه می‌دهد که با یک استراتژی کوچینگ کاملاً متفاوت همسو است. کوچ با

توجه به جواب افراد می‌تواند سؤالات تکمیلی متفاوتی بپرسد، ولی این‌بار با تمرکز بیشتر بر روی آماده‌سازی سریعتر آینده‌ی فرد:

- «با توجه به هدفی که برای بلندمدت دارید، چگونه می‌توانید پروژه‌ی دوساله و طرح کنش‌تان را بنحوی تطابق دهید که بسیار زودتر از آنچه در نظر داشتید شروع به رسیدن به آن هدف بزرگتر و مهمتر کنید؟»

اغلب گفته می‌شود که استراتژیهای کوچکینگ بر پایه‌ی این باور هستند که افراد می‌دانند. آنها مشکلاتشان را بهتر از هر کس دیگری می‌دانند. آنها از تاریخچه‌ی خود باخبرند. آنها می‌دانند چه می‌خواهند و می‌دانند چطور به آن برسند. کوچ سیستمیک کوانتومی با در نظر گرفتن این موضوع، می‌داند که فرد خودش می‌تواند همه چیز را حالا معین کند: آنها آینده‌شان را می‌دانند و می‌دانند که چطور آن را محقق کنند. استراتژیهای سفر در زمان برای دادن فضای کافی به افراد به‌منظور تعیین جزئیات آینده‌شان در امروز بسیار مناسب هستند. بار دیگر به تفاوتها دقت کنید:

- الف: در اولین مثال، سفر در زمان سرسری استفاده شده است تا فرد را به کاری بازگرداند که باید به‌منظور ساخت آینده‌ای که هدف کلی امروز و نه یک واقعیت پرجزئیات تلقی می‌شود، فردا انجام شود.

بنابراین، آینده کم‌وبیش نامعین و غیرقابل‌دسترس باقی می‌ماند. در نتیجه، استراتژی کوچ باید بسیار افزایشی‌تر یا ابزارمحورتر بوده و فرد را نزدیک با زمان حال نگه دارد.

- ب: در مثال دوم، از سفر در زمان برای تعیین آینده‌ی دقیق و الهام‌بخشی استفاده شده است که همه‌ی کارهایی که فرد انجام می‌دهد را نظم می‌بخشد. آینده‌ی پرجزئیات و انگیزه‌بخش از قبل در قلب و روح فرد حاضر است. حالا فقط باید به آن رسید.

این استراتژی کوچینگ دوم در واقع به فرد اجازه می‌دهد تا آینده‌ای که از قبل در زمان حال او وجود دارد را کشف کند. این استراتژی بر این مبنا استوار است که اگر فرد هدف خود را دریابد همه چیز می‌تواند او را در راه رسیدن به آن کمک کند.

- مثال پ: در مثال سوم، کوچ فرض را بر این می‌گذارد که یک آینده را می‌توان یک پله‌ی ترقی حساب کرد که از طریق آن فرد بتواند آینده‌ی بعدی‌اش که مهمتر، بزرگتر و متفاوت‌تر است را ببیند.

درواقع، دو استراتژی آخر تفاوت اندکی با یکدیگر دارند. هر دوی آنها بر اساس چارچوب سنجش مشابهی قرار دارند که در آن طیف زمان-مکان انعطاف‌پذیر بوده و می‌توان به روشهای زبانشناسی مختلف آن را تحت تأثیر قرار داد.

فصل هفتم

نتیجه گیری

زمان آن رسیده است که مدیران کاروکسب‌ها بپذیرند که اکنون در دهه‌ی سوم قرن بیست و یکم زندگی می‌کنند. دنیای ما به‌صورت روزمره در حال تغییر است. قوانین، اصول و استراتژیهای ثابت دیگر در این دنیا جایی ندارند. اکنون در عصر کوانتوم به سر می‌بریم؛ عصر تغییر و بی‌ثباتی. عصری که در آن نگاه به مسائل دیگر تک‌بعدی نیست. عصری که با خود نگاهی دقیقتر به تمامی اجزای سازمان را به‌همراه می‌آورد. دیگر هیچ یک از بخشهای سازمان بی‌اهمیت نیستند. ریزترین بخشهای سازمان حائز اهمیت هستند و باید رویشان نظارت صحیح صورت بگیرد. هماهنگی و همخونی بخشهای مختلف سازمان باید در نظر گرفته شود و تلاش رهبران باید بر این باشد که تمامی بخشها بتوانند تعامل خوبی با یکدیگر داشته باشند و همدیگر را به نحو احسن تکمیل کنند.

نحوه‌ی تفکر نیز در عصر کوانتوم متفاوت است. دیگر حتی خبری از برنامه‌ریزیهای کوتاه‌مدت و نزدیک‌بینانه نیست. مدیران و رهبران باید دائماً جانب احتیاط را رعایت کنند، چون در دنیایی هستند که همه چیز می‌تواند در کسری از ثانیه تغییر پیدا کند. در چنین شرایطی دو اصل بسیار اهمیت پیدا می‌کند. اول اینکه رهبران بتوانند در دوران پرآشوب و بی‌ثباتی آرامش خود را حفظ کنند و به‌صورت منطقی به اوضاع نگاه کنند. رهبران الگوی کارکنانِ زیردست هستند. یک رهبر باید در شرایط دشوار برای دیگران حکم یک سرمشق را داشته باشد. وظیفه‌ی او است که زودتر از دیگران به خود بیاید و نه تنها خودش بلکه، سازمان و دیگران را نیز به‌سرعت به شرایط پایدار بازگرداند. اصل دوم این است که رهبران باید انعطاف‌پذیر باشند. در عصر کوانتوم تفکر تغییرناپذیر جایی ندارد. شرایط دائماً در حال تغییر هستند و برای جان سالم به در بردن و شکوفایی در دوران بی‌ثبات، لازم است که رهبر بخوبی بتواند نحوه‌ی تفکرات و برنامه‌های خود را با محیط جدید وفق بدهد. تنها در این صورت که سازمان می‌تواند استوار بماند.

یک رهبر شاید همیشه نتواند از کارکنانش بهترین استفاده را ببرد. شاید کارکنان از ترس خطر تلافیِ بالادستی خود نتوانند به‌صورت شفاف پیشنهادها و انتقادهای خود را مطرح کنند. در

اینجاست که کوچینگ اهمیت پیدا می‌کند. استفاده از یک کوچ برون‌سازمانی بسیار می‌تواند مؤثر باشد؛ چرا که او وظیفه دارد اهداف سازمان را درک کند و با علم به این جهت‌گیری، تواناییها و مهارتهای کارکنان سازمان را به سمتی سوق دهد که در نهایت در راستای اهداف سازمان باشند. این امر باعث می‌شود که ناهماهنگی و اختلال در سازمان به حداقل برسد و تمامی بخشها یکدست شوند.

یکی از مسائلی که در این زمینه باید به آن توجه شود، ایجاد و حفظ جوّ و فرهنگ سالم در سازمان و در میان کارکنان است. حتی ریزترین بخشهای سازمان هم نقش بسزایی در جهت‌گیری و موفقیت نهایی آن ایفا می‌کنند. بنابراین، ضروری است که تمامی بخشهای یک سازمان در محیطی بی‌حاشیه فعالیت داشته باشند. جو و فرهنگ سازمان باید به گونه‌ای باشد که افراد سازمان بتوانند در یک فضای امن و قابل اعتماد احساسات خود را نسبت به مسائل خاص با بالادستی‌ها در میان بگذارند. سازمان باید بتواند به افرادش احساس ارزشمند بودن را منتقل کند. روابط بین بخشهای مختلف نیز باید توأم با احترام باشد. به هیچ وجه نباید در سازمان فضایی به وجود بیاید که یک شخص زیر بار فشارهای روانیِ ناشی از رفتارهای ناسالم بماند.

در طول کتاب به‌صورت مبسوط به تمام این مسائل پرداختیم. اینها مسائلی هستند که لازم است همه‌ی ما با آنها آشنا باشیم. به نظرم ادعای درستی است که بگوییم بعضی از سازمانهای ایرانی همچنان دارند به روشهای سنتی اداره می‌شوند. این یکی از انگیزه‌های اصلی برای نگارش این کتاب بود که نه تنها به شرح تغییرات اقلیمی در فضای کاروکسب بپردازیم بلکه، راهکارهایی نیز برای وفق یافتن با آنها ارائه دهیم. امید است که این کتاب توانسته باشد افقهای پیش روی خواننده‌ی ایرانی را وسیعتر کند و او را با سازوکارهای کاروکسب بر پایه‌ی نگرش کوانتومی آشنا کرده باشد. فیزیک با تمام چغر بودن و سختی‌اش به کمک مدیریت کاروکسب‌ها که ترکیبی از مغز و دل و به عبارتی چارچوب و عاطفه است آمده تا با ارائه‌ی راهکارهایی به ما کمک کند در راستای مدیریت بهتر انرژی سازمانی که بسیار محدود است تلاش کند و سازمانی چابک، یادگیرنده و تندآموز با نگرش سیستمی و شاد بهره‌ور را سامان دهد که بتواند با ارائه‌ی ارزش بالاتر و بهتر نسبت به رقبا به محیط و خصوصاً مشتریان، از آنها انرژی بیشتری شامل توجه، سود، اعتبار و برند را دریافت کند. پس عالی باشیم تا باشیم. عالم عامل عاشق باشیم.

منابع

- اشمیتس، یورگ و همکاران؛ مذاکره کوانتومی، دانش ماندگار عصر؛ ۱۳۹۹.
- ام جورجز. پاتریک و همکاران؛ نورومارکتینگ کاربردی، انتشارات بازاریابی؛ ۱۳۹۵.
- درگی، پرویز؛ تکنیکهای فرصت‌یابی در بازاریابی و فروش؛ انتشارات بازاریابی؛ ۱۳۹۱.
- فیسک، پیتر؛ پرورش نبوغ بازاریابی؛ انتشارات بازاریابی؛ ۱۳۹۰.
- درگی، پرویز؛ مباحث و موضوعات مدیریت بازاریابی؛ انتشارات بازاریابی؛ ۱۳۹۱.
- چرنو، الکساندر؛ مدیریت استراتژیک بازاریابی؛ انتشارات بازاریابی؛ ۱۳۹۲.
- درگی، پرویز؛ نورومارکتینگ؛ نظریه و کاربرد، انتشارات بازاریابی؛ ۱۳۹۲.
- سیسنی،لکسی؛ فیزیک سازمانی، انتشارات کتاب مهربان؛ ۱۳۹۸.
- قدیری، ارژنگ و همکاران؛ نورولیدرشیپ، انتشارات بازاریابی؛ ۱۳۹۶.
- *A contemporary coaching theory to integrate work and life in changing times* by Lindsay G. Oades, Peter Caputi, Paula Robinson, Barry Partridge, 2005.
- *A Quantum Approach in Strategic Leadership: Investigating a Dynamic Model for Measuring Structural Entropy and Firm Value* by B. Tim Lowder, 2010.
- *Coaching in the Workplace* by Mark W. Tompkins, Regent University, 2018.
- *Quantum Leadership: A Textbook of New Leadership* by Tim Porter-O'Grady, Kathy Malloch, 2002.
- *Quantum Physics for Dummies* by Steven Holzner, 2009.
- *The Art of Quantum Planning: Lessons from Quantum Physics for Breakthrough Strategy, Innovation, and Leadership* by Gerald Harris, 2009.
- http://www.quantum-marketing.io/principles
- https://www.ceoadvisorycouncil.com/process-rigidity-leads-organizational-entropy/
- https://bdaily.co.uk/articles/2018/06/22/heres-how-quantum-marketing-is-the-industrys-next-skills-challenge

- https://www.inc.com/melissa-lamson/the-power-of-quantum-negotiation.html
- https://www.metasysteme-coaching.eu/english/quantum-coaching-i-space-time-warps/
- https://hbr.org/2020/04/coaching-your-team-through-uncertain-times
- http://www.psicopolis.com/dirigere/quantumskills.htm

آشنایی با فعالیتهای

▼

شرکت TMBA

● دفتر ارتباط با دانشگاه

● مارکتینگ‌نیوز

● بانک مقالات
بازاریابی ایران

● مرکز استعدادشناسی
منابع انسانی و کاریابی
بازارشناسان

● فروشگاه انتشارات
بازاریابی

● فروشگاه اینترنتی
محصولات بازاریابی

● دوماهنامه‌ی توسعه
مهندسی بازار

● انتشارات بازاریابی

● مشاوره‌ی بازاریابی

● مرکز تولید و نشر
فیلمهای آموزش
بازاریابی و فروش

● ماهنامه‌ی بازاریاب
بازارساز

● سامانه‌ی آموزش
مجازی بازاریاد

● آموزشگاه بازارسازان

● کانون تبلیغاتی
ضمیر بازار

● تحقیقات بازاریابی

● شرکت نوروبیز

● رادیو صدای بازاریابی

www.TMBA.ir

شرکت TMBA

TMBA، تنها مجموعه فعال در حوزه‌ی بازاریابی در ایران است که تمامی فعالیتهای آموزش و مشاوره‌ی بازاریابی و فروش، تحقیقات بازاریابی، انتشارات بازاریابی (کتابهای تخصصی بازاریابی و فروش و دو عنوان مجله‌ی تخصصی بازاریابی)، مرکز استعدادشناسی، منابع انسانی و کاریابی و تبلیغات را بر عهده دارد.

این هلدینگ عضو انجمن علمی بازاریابی ایران، انجمن مدیریت کسب‌وکار ایران، انجمن تحقیقات بازاریابی ایران و انجمن تحقیقات بازاریابی اروپا است.

بنیانگذار و اداره‌کننده‌ی این خانواده‌ی کاری، "پرویز درگی، معلم بازاریابی" است.

رسالت ما

ارتقای سطح کاروکسب بنگاههای اقتصادی با ارائه‌ی خدمات آموزشی، مشاوره، تحقیقات، تبلیغات، کاریابی و نشر مباحث بازاریابی به نحوی که بتوانیم ارزش مطلوبتری را برای مشتریان ارائه دهیم و در راستای رسیدن به هدفهای فوق در فضای رقابتی موفق باشیم.

شعار خانواده‌ی ما

عالم عامل عاشق باشیم.

● دپارتمان آموزش

آموزشگاه بازارسازان با مجوز رسمی از سازمان آموزش فنی و حرفه‌ای کشور، مرکز آموزش مهارت و مشاغل تخصصی بازاریابی و فروش می‌باشد. وجه تمایز آموزشگاه بازارسازان، ساده‌سازی و ساده‌گویی مفاهیم پیچیده‌ی علمی به‌صورت کاربردی و با نگرش بازار ایران است.

www.Marketingschool.ir   تلفن: ۴ - ۶۶۰۲۸۴۰۱ (۰۲۱)

● سامانه‌ی آموزش مجازی بازاریاد

مرجع دوره‌های مجازی بازاریابی، فروش، تبلیغات و... با نگرش بازار ایران است و با هدف تحت پوشش قرار دادن عزیزانی که امکان شرکت در کلاسهای حضوری را ندارند، فعالیت می‌کند.

www.Bazaryad.com   تلفن: ۶۶۰۲۸۴۰۳ (۰۲۱)

● دپارتمان مشاوره

یکی از فعالیتهای خانواده‌ی ما، مشاوره‌های بازاریابی از الف تا ی کاروکسب است. تدوین استراتژی بازاریابی، تهیه‌ی برنامه‌های بازاریابی، طراحی و پیاده‌سازی سازمان بازاریابی و فروش از آغاز تا انجام، چگونگی ارتقای فروش و مشاوره در ابعاد مختلف قیمت‌گذاری، توزیع، برندینگ، صادرات و... را این دپارتمان عهده‌دار است.

www.Marketingconsulting.ir   تلفن: ۶۶۴۳۴۰۵۵ (۰۲۱)

● مرکز استعدادشناسی، منابع انسانی و کاریابی بازارشناسان

این مرکز با مجوز رسمی از وزارت تعاون، کار و رفاه اجتماعی با تمرکز بر شایسته‌گزینی، شایسته‌پروری، شایسته‌سالاری و شایسته‌گماری تأسیس شده است.

مأموریت ما در این مرکز ارائه‌ی راهکارهای مؤثر برای شناسایی استعدادهای حوزه‌ی بازاریابی و فروش، جذب و استخدام نیروهای شایسته و ارزیابی عملکرد منابع انسانی می‌باشد.

www.Bazarshenasan.com   تلفن: ۶۶۴۳۱۸۶۳ (۰۲۱)

• دپارتمان آموزش

آموزشگاه بازارسازان با مجوز رسمی از سازمان آموزش فنی و حرفه‌ای کشور، مرکز آموزش مهارت و مشاغل تخصصی بازاریابی و فروش می‌باشد. وجه تمایز آموزشگاه بازارسازان، ساده‌سازی و ساده‌گویی مفاهیم پیچیده‌ی علمی به‌صورت کاربردی و با نگرش بازار ایران است.

www.Marketingschool.ir تلفن: ۴ - ۶۶۰۲۸۴۰۱ (۰۲۱)

• سامانه‌ی آموزش مجازی بازاریاد

مرجع دوره‌های مجازی بازاریابی، فروش، تبلیغات و... با نگرش بازار ایران است و با هدف تحت پوشش قرار دادن عزیزانی که امکان شرکت در کلاسهای حضوری را ندارند، فعالیت می‌کند.

www.Bazaryad.com تلفن: ۶۶۰۲۸۴۰۳ (۰۲۱)

• دپارتمان مشاوره

یکی از فعالیتهای خانواده‌ی ما، مشاوره‌های بازاریابی از الف تا ی کاروکسب است. تدوین استراتژی بازاریابی، تهیه‌ی برنامه‌های بازاریابی، طراحی و پیاده‌سازی سازمان بازاریابی و فروش از آغاز تا انجام، چگونگی ارتقای فروش و مشاوره در ابعاد مختلف قیمت‌گذاری، توزیع، برندینگ، صادرات و... را این دپارتمان عهده‌دار است.

www.Marketingconsulting.ir تلفن: ۶۶۴۳۴۰۵۵ (۰۲۱)

• مرکز استعدادشناسی، منابع انسانی و کاریابی بازارشناسان

این مرکز با مجوز رسمی از وزارت تعاون، کار و رفاه اجتماعی با تمرکز بر شایسته‌گزینی، شایسته‌پروری، شایسته‌سالاری و شایسته‌گماری تأسیس شده است.

مأموریت ما در این مرکز ارائه‌ی راهکارهای مؤثر برای شناسایی استعدادهای حوزه‌ی بازاریابی و فروش، جذب و استخدام نیروهای شایسته و ارزیابی عملکرد منابع انسانی می‌باشد.

www.Bazarshenasan.com تلفن: ۶۶۴۳۱۸۶۳ (۰۲۱)

● دفتر ارتباط با دانشگاه

این دفتر پل ارتباطی بین دانشگاههای علوم و دانشگاه بازار است. معرفی اساتید ایرانی داخل و خارج کشور به فعالان بازار و ارائه‌ی مسائل بازار به دانشگاه از جمله فعالیتهای این دفتر است.

www.Universityandmarket.ir   تلفن: ۶۶۴۷۵۴۱۷ (۰۲۱)

● بانک مقالات بازاریابی ایران

حاوی جدیدترین مقالات کاربردی، پژوهشی و علمی در زمینه‌ی مباحث بازاریابی، فروش و تبلیغات با بیش از ۴۰۰۰ عنوان مقاله.

www.Marketingarticles.ir   تلفن: ۶۶۴۷۵۴۱۷ (۰۲۱)

● فروشگاه اینترنتی محصولات بازاریابی

مرجع فروش آنلاین محصولات بازاریابی و فروش (کتاب، لوح فشرده، مجلات تخصصی و...) می‌باشد.

www.Marketingshop.ir   تلفن: ۷۱ و ۶۶۴۰۸۲۵۱ (۰۲۱)

● فروشگاه انتشارات بازاریابی

فروشگاه مادر و مرجع تخصصی محصولات بازاریابی و فروش (کتاب، لوح فشرده، مجلات تخصصی و...) از ناشران سراسر کشور

● نشانی: تهران، میدان انقلاب، ابتدای خیابان ۱۲ فروردین، مجتمع کتاب فروردین، طبقه‌ی همکف، پلاک ۱

www.Marketingshop.ir   تلفن: ۷۱ و ۶۶۴۰۸۲۵۱ (۰۲۱)

● مرکز تولید و نشر فیلمهای آموزش بازاریابی و فروش

مجموعه فیلمهای خارجی زبان اصلی (با زیرنویس فارسی) و فیلمهای آموزشی با اساتید ایرانی.

www.Marketingshop.ir   تلفن: ۶۶۴۰۸۲۵۱ (۰۲۱)

• کانون تبلیغاتی ضمیر بازار

این کانون با مجوز وزارت فرهنگ و ارشاد اسلامی ارائه‌کننده‌ی کمپین‌های تبلیغاتی با شناخت از بنگاههای اقتصادی و اجرا و ارزیابی فعالیتهای حوزه‌ی ترویج و ارتباطات بازاریابی میدانی را بر عهده دارد.

www.Marketmind.ir تلفن: ۶۶۴۳۱۶۳۷ (۰۲۱)

• مارکتینگ نیوز

سایت خبری حاوی به‌روزترین اخبار حوزه‌های مختلف بازاریابی، فروش، تبلیغات و... می‌باشد.

www.Marketingnews.ir تلفن: ۶۶۴۷۷۰۱۶ (۰۲۱)

• رادیو صدای بازاریابی

گفت‌وگوهای رادیویی و تصویری (نگاه بازار) با اساتید و مدیران ایران را در پادکست‌های این رادیو دنبال کنید.

www.Sedayebazaryabi.com تلفن: ۶۶۴۳۴۰۵۵ (۰۲۱)

چند کتاب دیگر از استاد درگی در انتشارات کیدزوکادو

برای تهیه کتاب ها از آمازون یا وبسایت انتشارات می توانید بارکدهای زیر را اسکن کنید

kphclub.com

Amazon.com

Kidsocado Publishing House
خانه انتشارات کیدزوکادو
ونکوور، کانادا

تلفن : ۸۶۵۴ ۶۳۳ (۸۳۳) ۱+
واتس آپ: ۷۲۴۸ ۳۳۳ (۲۳۶) ۱ +
ایمیل:info@kidsocado.com
وبسایت انتشارات: https://kidsocadopublishinghouse.com
وبسایت فروشگاه: https://kphclub.com